DEUX JOURS,

OU

LA NOUVELLE MARIÉE,

COMÉDIE EN TROIS ACTES, MÊLÉE DE CHANT.

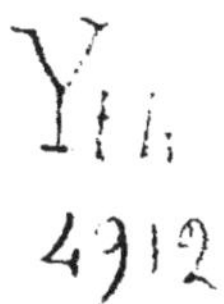

OUVRAGES DE M. ANCELOT.

Louis IX, tragédie en cinq actes.

Le Maire du Palais, tragédie en cinq actes.

Fiesque, tragédie en cinq actes.

Olga, tragédie en cinq actes.

Élisabeth d'Angleterre, tragédie en cinq actes.

L'Homme du monde, drame en cinq actes, en prose.

L'Espion, drame en cinq actes, en prose.

L'Important, comédie en trois actes, en vers.

Marie de Brabant, drame en cinq actes, en vers.

Un An ou le Mariage d'amour, drame en trois actes, en prose.

Henriette ou Deux ans après, drame en trois actes, en prose.

La Mendiante, drame en deux actes, mêlé de couplets.

Madame Dubarry, comédie en trois actes, mêlée de couplets.

Marie de Brabant, poëme en six chants.

Six mois en Russie, un vol. in-8°.

L'Homme du monde, roman, 4 vol. in-12.

Léontine, drame en trois actes, mêlé de couplets.

La Morte ou Départ et Retour, drame en quatre parties.

La Fête de ma femme, vaudeville en un acte.

Un Divorce, drame en un acte, mêlé de chant.

Le Chateau de Saint-Bris, drame en deux actes, mêlé de chant.

Le Favori, ou la cour de Catherine II, comédie en trois actes, mêlée de chant.

DEUX JOURS

OU

LA NOUVELLE MARIÉE,

COMÉDIE EN TROIS ACTES,

MÊLÉE DE COUPLETS,

PAR M. ANCELOT,

REPRÉSENTÉE, POUR LA PREMIÈRE FOIS,
SUR LE THÉATRE DU VAUDEVILLE,
LE 28 NOVEMBRE 1831.

PRIX : 2 FR. 50 C.

PARIS.
J.-N. BARBA, LIBRAIRE.
PALAIS ROYAL, GRANDE COUR,
DERRIÈRE LE THÉATRE FRANÇAIS.

1832

PERSONNAGES.		ACTEURS.
LE COMTE ARTHUR DE VÉRIGNY.	MM.	LAFONT.
JUBELIN, banquier.		BERNARD-LÉON.
RICHEBOURG, neveu de M. Jubelin.		HIPPOLITE.
ROBERT, jardinier.		ARMAND.
MARIE, fille de M. Jubelin.	Mmes	ALBERT.
LAURENCE DE VARINCOURT, créole, cousine d'Arthur de Vérigny.		THÉNARD.
Madame MONGROLLE, sœur de M. Jubelin.		GUILLEMAIN.
ANNA, sœur de lait de Marie.		ÉDELIN.
LE MAIRE DE LA COMMUNE.	M.	PROSPER.
UN DOMESTIQUE.		CASSEL.
PARENS ET INVITÉS DE LA NOCE.		

La scène se passe dans le château du comte Arthur, à quelques lieues de Paris.

NOTA. Les acteurs sont placés en tête de chaque scène comme ils doivent l'être au théâtre : le premier occupe *la gauche du spectateur*. Toutes les fois que dans les indications, les mots *droite* et *gauche* se présentent, c'est *la gauche* et *la droite* de l'acteur qu'il faut entendre.

IMPRIMERIE DE E. DUVERGER,
rue de Verneuil, n. 4.

DEUX JOURS,

OU

LA NOUVELLE MARIÉE.

ACTE I.

Le théâtre représente un salon qui s'ouvre sur un parc; porte vitrée au fond ; portes de chaque côté, sur le premier plan; au deuxième plan, à droite, une autre porte ; au deuxième plan, à gauche, une fenêtre. Une table couverte d'un tapis et sur laquelle est un gros registre, ainsi que tout ce qu'il faut pour écrire, est à droite de l'acteur.

SCENE PREMIERE.

MADAME MONGROLLE, M. JUBELIN, LE MAIRE, PARENS ET INVITÉS, *groupés autour du salon*, ROBERT.

JUBELIN, *allant regarder à la fenêtre, et l'air inquiet.*

Il ne vient pas!...

MADAME MONGROLLE.

Voilà qui est bien singulier!.... Toute la famille, toute la société réunie!

JUBELIN.

Monsieur le maire de la commune, notre parent, ayant bien voulu se transporter ici avec les registres de l'état civil, pour célébrer le mariage dans le château de mon gendre futur, comme cela se fait chez les personnes les plus considérables!

MADAME MONGROLLE.

Et le marié qui n'arrive pas!.... C'est joli!

ROBERT, *entrant par la porte du premier plan à gauche.*

Monsieur, on m'envoie vous dire que la toilette de la mariée est finie.

JUBELIN.

C'est bon.

ROBERT.

J'ai regardé quand on a ouvert la porte : ah ! c'est superbe. Faut-il dire qu'on peut venir?

JUBELIN, *qui a été regarder encore à la fenêtre.*

Encore un instant. (*Robert sort par la même porte.*)

MADAME MONGROLLE.

Savez-vous, mon frère, que ça commence à devenir étrange, et que votre monsieur de....

JUBELIN.

Monsieur le comte Arthur de Vérigny, ma sœur.

MADAME MONGROLLE.

Oh! mon dieu, comme ce titre de comte est long dans votre bouche! Il semble avoir quatre syllabes.

JUBELIN.

Ah! par exemple, moi, faire cas d'un titre!... Non, non, on me connaît; quand j'étais député, j'ai toujours parlé contre la noblesse.

MADAME MONGROLLE.

Et vous donnez votre fille à un comte. Allez, allez, vous aimez la gloriole : et notre pauvre père, marchand de draps...

JUBELIN.

Vous voulez dire manufacturier.

MADAME MONGROLLE.

Comme vous voudrez. Il a bien fait d'amasser le solide.

JUBELIN.

N'ai-je pas triplé ma fortune?

MADAME MONGROLLE.

Oui, vous avez été heureux dans votre négoce.

JUBELIN.

Vous voulez dire dans mes affaires.

MADAME MONGROLLE.

Comme vous voudrez.

JUBELIN.

Je suis banquier, et je donne onze cent mille francs à ma fille unique.

MADAME MONGROLLE.

C'est acheter assez cher le plaisir de se rendre ridicule.

JUBELIN.

Allons, ma sœur, vous êtes injuste : mon gendre est un jeune homme accompli; je le connais, moi, depuis son enfance : n'étais-je pas l'ami du feu comte son père?

MADAME MONGROLLE.

Certes, il vous la devait bien son amitié! Ne lui avez-vous pas autrefois sauvé l'honneur : n'avez-vous pas rétabli sa fortune? C'est un beau trait de votre vie, et je suis loin de vous en blâmer; mais fallait-il pour cela donner votre fille à son fils?

JUBELIN.

C'était un engagement pris entre le vieux comte et moi; mais je m'étais réservé la faculté de le rompre, si ce mariage n'avait pas dû faire le bonheur de cette chère enfant sur qui reposent toutes les espérances de ma vieillesse : et je suis tranquille, elle sera heureuse.

MADAME MONGROLLE.

Oui, ça commence bien... Ah! si monsieur Mongrolle s'était fait attendre ainsi?.... mais le pauvre défunt, il était toujours prêt, lui!... Le digne homme!... Il est vrai qu'il n'était pas grand seigneur.

JUBELIN.

Faut-il donc vous répéter que le comte Arthur, pour qui ce mariage était un devoir sacré, n'épouse cependant pas ma fille par intérêt, puisque, grace à une succession qu'il est allé recueillir dans les colonies, sa fortune est aujourd'hui égale à la mienne.

MADAME MONGROLLE.

En effet, il a été deux ans absent.

JUBELIN.

Il n'en fallait pas moins pour réaliser l'héritage; mais il est revenu fidèle à ses promesses.

MADAME MONGROLLE.

Et sa cousine, madame de Varincourt, est venue en même temps se fixer en France avec son vieux mari : c'est encore une mijaurée que nous n'avons vue qu'une fois, et qui ne me plaît guère...

JUBELIN.

Comme la prévention vous aveugle! C'est une petite femme charmante : quoique mariée depuis trois ans, elle a, ma foi, l'air plus jeune que ma fille... Il est vrai qu'une créole ça se marie de bonne heure.

MADAME MONGROLLE.

Pourquoi n'est-elle pas ici pour la noce de son cousin?

JUBELIN.

Elle va sans doute arriver.

MADAME MONGROLLE.

Oh! pour ma part, je n'y tiens pas : mais le marié! le marié!... où est-il?

JUBELIN.

Dame! vous savez bien qu'il est allé de grand matin à la ville pour chercher l'anneau et quelques autres présens qui avaient été oubliés. Il lui sera peut-être arrivé quelque accident.

MADAME MONGROLLE.

Et que voulez-vous qu'il lui arrive dans une bonne voiture?... Tenez, regardez la mine des invités et de nos parens!... Qu'est-ce qu'ils doivent penser?

JUBELIN.

...t... Je vous assure qu'ils ne pen-

...*la croisée.*) Ah! le voilà!

...IE MONGROLLE.

IUBELIN.

Une seconde voiture entre dans la cour.

MADAME MONGROLLE.

Enfin ?

UN DOMESTIQUE, *annonçant.*

Monsieur le comte de Vérigny.

MADAME MONGROLLE.

Ah !

SCENE II.

ARTHUR DE VÉRIGNY, MADAME MONGROLLE, JUBELIN, *puis* LAURENCE DE VARINCOURT, PARENS ET INVITÉS.

ARTHUR, *en entrant.*

Oh ! mon Dieu, me serais-je donc fait attendre ? Combien de pardons je vous demande, monsieur Jubelin !... Madame, veuillez m'excuser.

JUBELIN.

C'est bon, mon gendre, c'est bon ; vous voilà, tout est dit.

LE DOMESTIQUE, *annonçant.*

Madame de Varincourt. (*Elle entre.*)

JUBELIN.

Nous n'espérions plus, madame, être assez heureux pour vous voir.

LAURENCE.

Parente de monsieur de Vérigny, pouvais-je ne pas me rendre à votre invitation ? Je suis en retard, c'est un tort que vous et madame Mongrolle vous daignerez peut-être excuser.

MADAME MONGROLLE.

Oh ! madame, je ne vous en veux pas.

LAURENCE.

Vous me permettrez de saisir cette occasion pour faire avec vous une connaissance plus intime.

MADAME MONGROLLE.

C'est beaucoup d'honneur pour moi.

JUBELIN.

Allons, puisque tout le monde est prêt, je vais chercher ma fille : il faut que la cérémonie ait lieu tout de suite.

LAURENCE, *à part.*

Tout de suite !

JUBELIN.

J'espère, madame, que vous serez contente de la jolie cousine que le comte Arthur va vous donner : (*à demi-voix.*) ce n'est pas parce que je suis son père ; mais elle est très bien, vous allez voir.

MADAME MONGROLLE.

Allez donc, mon frère, la pauvre enfant n'a déjà que trop attendu. (*Jubelin sort par la porte de gauche.*) (*à Arthur.*) Comme vous êtes rêveur, monsieur le comte! Pourquoi donc cet air inquiet et agité?

ARTHUR, *se remettant.*

Moi!... vous vous trompez, je vous jure.

MADAME MONGROLLE.

Ce jour de noce a un aspect sinistre! nos parens et nos amis ont tous des figures de circonstance.

AIR : *Qu'il est flatteur d'épouser celle.*

Jamais vous n'avez, j'imagine,
Vu noce plus triste, et vraiment
Chacun ici fait une mine!...
On dirait un enterrement!
Ne vous semble-t-il pas, madame,
A les voir muets, interdits,
Qu'ils vont, au lieu d'épithalame,
Entonner un *de profundis?*

LAURENCE.

Ce ton solennel, qui règne habituellement dans la cérémonie d'un mariage, ne défend les éclats de la joie que par respect pour le bonheur.

MADAME MONGROLLE.

Joli bonheur, en vérité!... tenez, ne me parlez pas de tous ces mariages de convenance... c'est comme une terre qu'on achète pour son revenu : on fait connaissance, on touche l'argent, et ce sont ensuite des étrangers qui font valoir.

LAURENCE, *souriant.*

Madame Mongrolle a une façon piquante d'exprimer sa pensée...

MADAME MONGROLLE.

On me comprend, ça suffit : à bon entendeur, salut!

ARTHUR, *à part, en regardant Laurence.*

Elle peut sourire et plaisanter!... a-t-elle donc plus de courage, ou moins d'amour que moi?

MADAME MONGROLLE.

Ah! voici ma nièce!...

LAURENCE, *à part.*

Dieu!... qu'elle est jolie!...

SCENE III.

ARTHUR, LE MAIRE *devant la table*, JUBELIN, MADAME MONGROLLE, MARIE, LAURENCE DE VARINCOURT, PARENS ET INVITÉS.

MADAME MONGROLLE.

Approche, mon enfant.

MARIE.

Ma bonne tante!...

CHOEUR *sur le final du deuxième acte de Léontine.*

JUBELIN.

Allons, mes enfans, tout s'apprête,
Ce moment a comblé mes vœux;
Pour chacun c'est un jour de fête,
Car vous méritez d'être heureux.
Venez, ma fille, et vous, mon gendre.

ARTHUR, *à part.*

Il le faut donc!

LAURENCE, *à part.*

Quelle douleur!
Ah! puissent-ils ne pas comprendre
Ce qui se passe dans mon cœur!

JUBELIN, *à Arthur.*

Avancez donc.

MARIE, *à part.*

Que de bonheur!

LAURENCE, *à part.*

Hélas! il n'est plus d'espérance!

MADAME MONGROLLE, *bas à Jubelin.*

Regardez donc notre futur;
Il est troublé, le fait est sûr.

JUBELIN.

Vous êtes folle! allons, silence.
Monsieur le maire, tout est prêt,
Nous attendons.

ARTHUR, *à part.*

C'en est donc fait!

MADAME MONGROLLE, *à part.*

Je crois qu'il balance.

JUBELIN, *à Marie qui est encore à l'écart.*

Pourquoi donc t'éloigner de nous?
Ce moment n'est-il pas prospère?
Approche, et de la main d'un père
Viens, ma chère enfant, recevoir un époux.

MARIE, *s'avançant.*

Oui, j'obéis, et comme vous
Aujourd'hui votre fille espère;
Heureuse du bonheur d'un père,
Je viens de sa main recevoir un époux.

(*La musique continue piano à l'orchestre.*)

LE MAIRE, *debout et le Code à la main.*

Les époux se doivent mutuellement fidélité, secours et assistance.

Le mari doit protection à sa femme; la femme, obéissance à son mari.

Monsieur le comte Arthur de Vérigny, déclarez-vous prendre en légitime mariage demoiselle Marie Jubelin?

ARTHUR.

Oui.

LE MAIRE.

Demoiselle Marie Jubelin, déclarez-vous prendre en légitime mariage le comte Arthur de Vérigny?

MARIE.

Oui.

LE MAIRE.

Au nom de la Loi, je déclare le comte Arthur de Vérigny et la demoiselle Marie Jubelin unis en légitime mariage. Venez signer.

(*Arthur, Marie, Jubelin, madame Mongrolle et Laurence de Varincourt signent sur le registre.*)

JUBELIN, *à la société.*

Mes amis, félicitez-moi!
Fut-il jamais plus doux d'obéir à la loi?

ENSEMBLE.

Allons, mes enfans, tout s'apprête,
Ce moment a comblé mes vœux;
Pour moi quel beau jour, quelle fête!
Je peux mourir, je suis heureux!

CHŒUR.

Allons, mes amis, tout s'apprête,
Ce moment a comblé leurs vœux;

Pour chacun c'est un jour de fête,
Car ils méritent d'être heureux.

ARTHUR, *à part.*

Pour toujours mon malheur s'apprête,
Je maudis cet hymen affreux;
Il est donc vrai! ce jour de fête
Me rend à jamais malheureux!

LAURENCE, *à part.*

Ces doux transports, ces chants de fête
A mon cœur font un mal affreux;
Et, lorsque mon malheur s'apprête,
Ce moment comble tous leurs vœux.

MADAME MONGROLLE, *à part.*

Ces doux transports, ces chants de fête
N'ont pas l'air de le rendre heureux,
Et, lorsque son hymen s'apprête,
Il semble ailleurs porter ses vœux.

JUBELIN.

Enfin, la moitié de la besogne est faite. Dans une demi-heure, rendez-vous général dans la chapelle du château pour la bénédiction nuptiale. Et d'abord, que je sois le premier à saluer ma chère Marie du nom de comtesse de Vérigny.

LAURENCE, *à part.*

Ah! je ne croyais pas souffrir ainsi!

MADAME MONGROLLE.

Sois toujours la bonne et simple Marie; porte sans orgueil ton nouveau nom.

MARIE, *timidement et à demi-voix.*

Permettez que j'en sois heureuse et fière!... C'est le sien.

(*Elle jette un regard sur Arthur qui tressaille.*)

ARTHUR, *à part.*

Oh! pourquoi ai-je consenti?

MARIE, *avec inquiétude.*

Mais il me semble... je crains, en vérité, que vous ne soyez pas bien, monsieur Arthur.

ARTHUR.

Il est vrai, je souffre... un mal de tête... rien, rien, cela se dissipera!... Je vous remercie pourtant d'un intérêt que je ne... que je désirerais mériter.

LAURENCE, *à part.*

Comme il la regarde!

JUBELIN.

Ah! par exemple, est-ce que c'est le moment d'être malade? Allons tous faire un tour de promenade dans le parc, puis à la chapelle; l'air vous fera du bien, mon gendre. Voyons, messieurs, la main aux dames; la vôtre m'appartient encore, ma fille.

LE CHOEUR.

Même Air que ci-dessus.

Allons, mes amis, tout s'apprête,
Ce moment va combler leurs vœux;
Pour chacun c'est un jour de fête,
Car ils méritent d'être heureux.

(Tout le monde sort par le fond, excepté Laurence de Varincourt.)

SCENE IV.

LAURENCE, *seule.*

Respirons un moment; enfin me voilà seule! j'espérais être plus calme! Qu'elle est belle sous cette parure! combien cette expression naïve d'un bonheur innocent répandait de charmes sur tous ses traits!... et lui? comme ses yeux s'attachaient sur elle, malgré lui peut-être!... Ah! j'ai trop présumé de mon courage; j'ai voulu être témoin de cette union, et je suis venue chercher une douleur que je ne soupçonnais pas! Pourquoi donc ai-je quitté cette Amérique où l'on sait aimer, où je fus si heureuse?

COUPLETS.

PREMIER COUPLET.

AIR *de la Somnambule mariée.*

Sous ce beau ciel qui reçut mes adieux,
J'ai de l'amour savouré tous les charmes;
Mais ses tourmens m'attendaient en ces lieux.
L'Europe seule a vu couler mes larmes!
Heureux pays, où j'ai connu l'amour,
Tu fus témoin de mon dernier beau jour!

DEUXIÈME COUPLET.

De la prudence écoutez le conseil,
Me disent-ils, quand tout mon sang s'allume;
Ces cœurs glacés, sous leur pâle soleil,
Comprennent-ils le feu qui me consume?
Heureux pays, où j'ai connu l'amour,
Tu fus témoin de mon dernier beau jour!

(Elle pleure.)

SCENE V.

ARTHUR, LAURENCE.

ARTHUR, *entrant par le fond.*

Que vois-je? grand Dieu! Laurence, vous pleurez!

LAURENCE, *tâchant de se remettre.*

C'est vous, Arthur?

ARTHUR.

Oui, je suis parvenu à me dérober à tous les regards : vous n'étiez pas là, mon inquiétude vous cherchait; je viens, et je vous trouve les yeux baignés de larmes! Vous, si gaie, si heureuse avant de me connaître; vous pleurez! ah! je suis bien à plaindre! ce mariage...

LAURENCE.

Ce mariage me fait mourir.

ARTHUR.

Qu'entends-je?

LAURENCE.

J'ai eu plus de courage que de forces : ce serment d'être à une autre, quand vous l'avez prononcé, j'ai trop souffert! ce mariage me tue.

ARTHUR.

Souffrir! toi! Ah! parle, que commandes-tu, que veux-tu, Laurence?

LAURENCE.

Toi, mon Arthur, à une autre! toi! Non, cela ne peut être! ce mariage est impossible! Arthur est mon bien; c'est moi seule qu'il aime : ne me l'a-t-il pas juré cent fois? n'ai-je pas payé ce serment par le sacrifice de mon repos? ne m'aimes-tu pas, Arthur?

ARTHUR.

Si je t'aime?... L'amour pour moi, c'est Laurence! jamais aucune femme n'avait fait battre mon cœur; tout mon bonheur a commencé par toi! Toi, c'est tout! ce mariage?... mon père au lit de mort me l'a commandé; et les volontés d'un mourant sont sacrées. Cet affreux devoir, l'honneur et la reconnaissance m'y condamnent; toi-même tu as exigé que j'y demeurasse fidèle. Eh bien! dis un mot, je foule aux pieds les ordres de mon père, je renonce à l'honneur, je plonge le désespoir au cœur d'un vieillard qui plaça dans cette union tous ses rêves de félicité, et qui jadis sauva mon père de sa ruine; je pars avec toi, je te suis où tu voudras, le monde pour moi, c'est ton amour.

LAURENCE.

Ah! je le vois, vous m'aimez, Arthur, c'est moi seule que vous aimez, et ma raison revient; elle m'avait quittée à mon premier soupçon, mais je suis heureuse, je n'envie rien à personne; qu'une autre porte votre nom, partage votre rang, jouisse de votre fortune... moi, vous m'aimez!

ARTHUR.

Souvenez-vous, Laurence, de mes paroles : vous avez été l'arbitre de ma destinée.

LAURENCE.

Oui, j'ai voulu la première place dans votre cœur, Arthur, parce que vous êtes le plus noble, le meilleur et le plus estimé des hommes. Cette union, je vous l'ai conseillée, quand vous m'avez dit : *il y va de l'honneur!* car, vous me l'avez dit.

ARTHUR.

Je ne vous ai point trompée; monsieur Jubelin avait réparé tous les désastres de ma famille, mon père mourant m'avait légué le soin d'acquitter sa dette en épousant Marie; et lorsqu'un héritage inespéré me vint rendre l'opulence, si j'avais refusé de remplir mes engagemens, que n'aurait-on pas dû penser? j'aurais été aux yeux du monde un ingrat, sans foi, sans délicatesse. Eh bien! si vous aviez commandé ce sacrifice, vous l'auriez obtenu. Par-delà les mers, sous le ciel brûlant de l'Amérique, s'est allumé dans mon cœur cet amour dont j'ignorais la puissance; rappelez vous l'époque où, frappé par ce mal cruel qui si souvent est la mort pour l'Européen, je vous ai vue braver tous les dangers, affronter la contagion, me prodiguer les soins qui m'ont arraché au tombeau. Vous seule, vous m'avez rendu à la vie; cette vie, elle est votre bien. Pendant deux ans, que je fus heureux! Mais quand votre mari est venu se fixer en France, quand vous m'avez dit : « Ce nom que je porte, un honnête vieillard me l'a confié sans tache, et je lui dois de ne pas laisser les soupçons m'approcher; soyez fidèle à vos promesses, épousez Marie. » J'ai obéi, Laurence, car je craignais pour votre bonheur; j'ai donné ma main, mais j'ai gardé tout mon amour.

LAURENCE.

Pardonnez, Arthur, si je n'ai pas eu le courage de soutenir aujourd'hui l'épreuve cruelle à laquelle la raison nous a condamnés. Soyez l'époux d'une autre, il le faut; ma souffrance s'est dissipée au doux son de votre voix, je suis forte et résignée maintenant. Voyez, je souris encore; tout mon chagrin s'est évanoui. Marie sera comtesse de Vérigny; la vanité de son père, la sienne, seront satisfaites; s'est-elle informée si votre cœur pouvait l'aimer, si elle pouvait vous rendre heureux? Non, c'est un enfant de votre Europe; elle a vu un titre, une riche corbeille, un hôtel, et surtout le plaisir de passer sa vie dans des salons où ses amies d'enfance ne sont pas reçues. Ses idées n'ont pas été au-delà; elle obtient aujourd'hui tout ce qu'elle a rêvé de bonheur; je ne lui aurai fait aucun tort.

ARTHUR.

Oui, le serment de la rendre heureuse n'a pas eu plus d'importance à ses yeux ; je ne la tromperai pas ; elle aura tout ce quelle a désiré, tout ce que je peux donner. Mais cet amour si tendre, si passionné, c'est à vous, à vous seule que je le dois, et ma vie entière sera consacrée à payer cette dette.

LAURENCE, *tirant de son sein un médaillon.*

Hélas! Arthur, ce présent que j'ai reçu de vous dans un temps plus heureux, votre portrait... il faut que je vous le rende.

ARTHUR.

Me le rendre!... que dites-vous? Ah! n'y ai-je pas fait graver cette inscription : *A elle seule!...* C'est à vous qu'il appartient, conservez-le, je vous en conjure!

LAURENCE.

Vous le voulez?... Eh bien! il ne me quittera jamais, à moins qu'un jour votre bonheur ne dépende plus de moi.

ARTHUR.

Vous le garderez toujours.

LAURENCE.

J'entends du bruit... Sortez, Arthur, qu'on ne vous voie pas près de moi.

ARTHUR.

Il faut donc nous séparer?

LAURENCE.

Nous le devons, et je vous en prie.

SCENE VI.

LAURENCE, *puis* ANNA *et* ROBERT.

LAURENCE, *assise à droite.*

Allons!... c'en est fait, le dernier mot va être prononcé!... Ah! je n'ai pas la force de l'entendre. Demeurons.

ROBERT, *entrant avec Anna.*

Tiens... encore du monde ici!

LAURENCE.

Approchez; ne vous nomme-t-on pas mademoiselle Anna?

ANNA.

Oui, madame, pour vous servir.

ROBERT.

Un moment, un moment, vous faites erreur. Hier, mademoiselle Anna ; depuis ce matin, madame Robert : c'est bien différent.

ANNA.

Mais, pas trop.

ROBERT.

Oh! patience.

LAURENCE.

Vous êtes mariés ?

ANNA.

Oui, madame ; mademoiselle Marie, je veux dire la comtesse de Vérigny, qui est ma sœur de lait, et que je n'ai pas quittée depuis mon enfance, m'a donné une dot pour épouser Robert qui est jardinier du château.

ROBERT.

Je l'aurais bien prise sans ça, mais une dot, ça ne gâte rien. Madame la comtesse a voulu que not' mariage se fît le même jour que le sien ; elle pense sûrement que le plaisir qu'on fait aux autres porte bonheur.

ANNA.

Elle est si excellente !

LAURENCE.

Ah !...

ROBERT.

Comment ne pas l'aimer ? c'est le modèle de toutes les bonnes qualités, de toutes les vertus !

LAURENCE, *à part.*

Encore !...

ROBERT.

Pardonnez-moi, madame, si je vous ai dérangée ; c'est que, voyez-vous, depuis ce matin, je n'ai pas pu parler en particulier à Anna.

AIR : *Un petit Coin.*

C'est un p'tit mot (*bis.*)
Que j'veux dire à celle que j'aime ;
Rien qu'un p'tit mot ! (*bis.*)
Dans la maison j'pass' pour un sot :
J'nai pas une éloquence extrême,
Mais j'nen glisse pas moins tout d'même
Mon petit mot ! (*bis.*)
J'aime à glisser mon petit mot.

(*Un domestique apporte des bougies allumées qu'il pose sur la table ; la nuit se fait dans le fond.*)

Toute la maison est pleine de monde, et j'espérais pendant qu'on est à la chapelle... mais vous êtes là... Avec ça, il y a dans le parc monsieur Richebourg qui vient d'arriver et qui se promène.

LAURENCE.

Monsieur Richebourg ?

ANNA.

Oui, le cousin de mademoiselle ; un jeune homme bien riche qui a une belle place à Paris.

ROBERT.

Et à qui, malgré ça, on n'a pas voulu donner sa cousine ; il l'avait demandée il y a six mois.

LAURENCE, *se levant.*

Ah! peut-être l'aimait-il? peut-être en était-il aimé?

ANNA.

Mademoiselle est trop bien élevée pour aimer un autre homme que son mari. (*Mouvement de Laurence.*)

ROBERT.

Tout de même qu'il paraît que ça fait un peu de chagrin au jeune homme; car il m'a dit qu'il venait à la noce parce que monsieur Jubelin son oncle l'avait exigé, mais que du moins il n'assisterait pas à la cérémonie.

ANNA.

Eh! le voilà qui s'approche de ce côté.

ROBERT, *à demi-voix.*

C'est bon! viens-t-en, Anna; ils vont causer ensemble, et du moins nous pourrons jaser dans le parc.

(*Il sort avec Anna.*)

SCENE VII.

LAURENCE, RICHEBOURG.

RICHEBOURG.

Excusez-moi, madame, et veuillez agréer mon hommage.

LAURENCE.

J'ai l'honneur de vous saluer, monsieur.

RICHEBOURG.

Madame est de la famille de monsieur de Vérigny?

LAURENCE.

Oui, monsieur, et me trouvant légèrement indisposée, j'ai craint la foule, la chaleur.

RICHEBOURG.

Moi, j'ai craint mes souvenirs.

LAURENCE.

En effet, si j'en crois ce qu'on m'a conté, ici, vos souvenirs sont des regrets.

RICHEBOURG.

Eh! mon Dieu! oui; j'avais espéré être l'heureux époux de ma cousine Marie.

LAURENCE.

Vous l'aimiez?

RICHEBOURG.

Elle est si spirituelle, si bonne, si gracieuse!...

LAURENCE, *à part.*

Ils semblent s'être tous donné le mot pour la louer devant moi.

RICHEBOURG.

Mais mon oncle Jubelin m'a impitoyablement refusé, moi qui l'aimais, pour la donner à un homme qui, je crois, ne s'en soucie guère. Il est vrai qu'il aura le plaisir de l'entendre appeler madame la comtesse... Pauvre oncle! il ne lui manque qu'une généalogie pour être le plus vain des nobles : on croirait, en vérité, qu'il a dormi quarante ans.

LAURENCE.

Je conçois que cette cérémonie ait pour vous peu d'attraits, et je m'étonne que vous vous soyez arraché à vos graves occupations ; car vous exercez, m'a-t-on dit, une place importante?

RICHEBOURG.

Il l'a bien fallu ; on m'a jeté un emploi à la tête.

LAURENCE.

En vérité?

RICHEBOURG.

C'est au foyer de l'Opéra que cet accident m'est arrivé.

LAURENCE.

Au foyer de l'Opéra ?

RICHEBOURG.

Entre deux pirouettes de mademoiselle Taglioni : c'est là que se traite aujourd'hui plus d'une affaire importante. Dans un des derniers replâtrages ministériels, un directeur des arts, des lettres, etc., etc., avait disparu ; on en cherchait un ; la coterie des hommes forts a pensé à moi, je me trouvais là, et l'on m'a choisi.

LAURENCE.

Qu'est-ce que la coterie des hommes forts ?

RICHEBOURG.

Une corporation déjà puissante, quoique peu nombreuse encore : les sous-préfectures ne leur suffisent plus ; ce sont des têtes gouvernementales auxquelles il faut des préfectures, des directions de théâtres royaux et de journaux ministériels, et qui ne s'arrêteront pas là. L'homme fort est une espèce nouvelle : il participe du fashionable et du romantique ; il est jeune, vêtu avec élégance ; s'exprime haut, dédaigne tout ce qui n'est pas lui, juge en dernier ressort les productions des arts et les travaux de l'esprit ; dîne au café de Paris dans l'été, et chez Véry dans l'hiver ; ne boit que du vin de champagne frappé ; parle de diplomatie au foyer de l'Opéra ; de littérature au Théâtre Italien, et de musique dans les tribunes de la chambre : l'homme fort est universel, et comme il n'a jamais rien fait, il est naturellement propre à tout.

LAURENCE.

Mais il me semble, monsieur, que pour un affilié à cette coterie, vous la traitez bien sévèrement.

RICHEBOURG.

De qui se moquerait-on si l'on ne se moquait pas de ses amis? Peut-on médire des gens qu'on ne connaît pas ?

LAURENCE.

C'est juste.

RICHEBOURG.

Ah ! la cérémonie est terminée; voici toute la noce qui revient; les fêtes, les danses vont commencer.

LAURENCE, *à part.*

C'en est donc fait !

SCENE VIII.

LAURENCE, RICHEBOURG, JUBELIN, MADAME MONGROLLE, MARIE, ARTHUR, PARENS *et* INVITÉS.

CHOEUR.

TOUT LE MONDE.

AIR *du dernier Chœur de l'Arbitre.*

Par l'église et par la mairie
Enfin l'heureux couple est uni;
Arthur est l'époux de Marie :
Pour notre part tout est fini!

JUBELIN.

C'est vous enfin, monsieur mon neveu ! on ne vous a pas vu à la chapelle.

RICHEBOURG.

Mon oncle...

JUBELIN.

Allons, allons, je crois comprendre : que veux-tu, mon ami, il faut se résigner. (*à madame Mongrolle.*) Maintenant que notre tâche touche à sa fin, je vous remercie, ma bonne sœur, d'avoir tenu lieu de mère à ma chère Marie : vos avis ont contribué à former son cœur et son esprit, et moi, je crois n'avoir rien négligé pour contribuer à son bonheur.

MADAME MONGROLLE.

Fasse le ciel qu'il en soit ainsi ! je vous pardonnerai bien volontiers d'avoir eu raison.

JUBELIN.

La soirée s'avance; nous allons nous rendre dans les pièces voisines où le bal est préparé; des jeux, des danses, puis un souper délicat... Que tout respire le bonheur... (*à demi-voix à madame Mongrolle.*) Vous parlerez ici seule à la mariée, vous achèverez votre rôle de mère.

MADAME MONGROLLE.

Laissez, laissez, je sais ce qu'on doit faire en pareille occasion; il y a long-temps, malheureusement.

JUBELIN.

Entendez-vous, mes amis, les sons des instrumens? nos musiciens s'impatientent : venez; tout vieux que je suis, je veux encore aimer les plaisirs. Venez avec moi, mon gendre... (*à demi-voix.*) On ne vous retiendra pas jusqu'à la fin du bal, soyez tranquille.

RICHEBOURG, *à Laurence.*

Daignerez-vous accepter ma main, madame?

LAURENCE.

Volontiers.

MADAME MONGROLLE, *à Marie.*

Veux-tu rester un instant avec moi?

MARIE.

Avec un grand plaisir.

(*Tout le monde sort par la porte du deuxième plan à droite, sur le chœur d'entrée.*)

(*Pendant ce petit colloque, Marie est demeurée pensive, Richebourg et Laurence se sont mêlés dans la foule; Albert a tâché de cacher son trouble en causant bas avec quelques invités.*)

SCENE IX.

MADAME MONGROLLE, MARIE.

MADAME MONGROLLE.

Ma chère Marie, toi que j'aime comme ma fille, viens encore, et pour la dernière fois, recevoir mes conseils.

MARIE.

Ma chère tante!

MADAME MONGROLLE.

Je l'avoue, ce mariage n'est pas celui que j'aurais souhaité pour toi; mais enfin, ton père l'a voulu, tout est fini, ton sort est fixé; il n'y a plus pour toi de bonheur que là.

MARIE.

Je le sais, et ne m'en effraie pas.

MADAME MONGROLLE.

J'espère que tes agrémens, l'éducation que tu as reçue, te mettront à même de profiter des avantages de ta situation, quoique j'eusse préféré à ces vains avantages l'amour d'un mari que tu aurais pu aimer; et je m'étonne, j'en conviens, que ton cœur naïf et bon se soit laissé prendre à toute cette vanité.

MARIE.

Ah ! ma tante, que dites-vous ? combien vous vous trompez sur mes sentimens !

MADAME MONGROLLE.

Comment ?

MARIE.

Je veux que vous lisiez enfin dans mon cœur ; il n'eut jamais qu'une pensée, l'amour d'Arthur.

MADAME MONGROLLE.

Est-il vrai ?

MARIE.

Vous le savez; je lui fus destinée dès mon enfance : quand je cherchais à cultiver mon esprit, à acquérir des talens, quand je désirais être jolie, c'était pour lui. Lorsqu'on m'a donné tant de bijoux, lorsque j'ai su que je serais si riche, que je serais comtesse, on s'est étonné de ma froideur, de mon indifférence ; on se demandait pour qui je réservais mon attention, puisque tant de belles choses me touchaient si peu... Eh bien ! c'était pour lui.

MADAME MONGROLLE.

Tu l'aimes ?

MARIE.

Oui, je l'aime... Si au lieu de partager avec Arthur fortune et plaisirs, pour lui il eût fallu y renoncer, l'état le plus misérable ne m'eût pas effrayée, j'aurais tout quitté sans regret, et dans la pauvreté, dans la retraite, j'aurais encore été la plus heureuse femme du monde.

MADAME MONGROLLE.

Alors, je n'ai plus rien à dire, tout est pour le mieux ; viens dans mes bras, mon enfant, et que les bénédictions d'une vieille amitié appellent le bonheur sur tes jeunes amours !

MARIE.

Tout me fait espérer que le ciel vous a exaucée... Combien l'avenir me semble beau !

MADAME MONGROLLE.

Ta joie me rappelle d'heureux jours : car moi aussi, j'ai eu des plaisirs... J'avais ton âge quand j'épousai monsieur Mongrolle ; il n'était pas comte, mais c'était un digne homme, et joliment amoureux dans son temps !

MARIE.

Je suis charmée, ma tante, que ma félicité vous retrace la vôtre.

COUPLETS.

PREMIER COUPLET.

AIR : *De la Grand'mère et de la petite Fille*, (de M. Ed. L'Huillier.)

Je suis unie à l'époux que j'adore ;
Pour le bonheur que j'ai de jours encore !

MADAME MONGROLLE.

Vers mon printemps, grace à toi, je reviens,
Et tes beaux jours me rappellent les miens.

MARIE.

Que de plaisirs dans la jeunesse!

MADAME MONGROLLE.

Il n'en est qu'un pour la vieillesse.
J'ai le passé!

MARIE.

J'ai l'avenir;
J'ai l'espérance!

MADAME MONGROLLE.

Et moi, le souvenir!

MARIE.

DEUXIÈME COUPLET.

Je vais le voir, lui parler et l'entendre:
Ce que j'éprouve, enfin il va l'apprendre!..

MADAME MONGROLLE, *à demi-voix*.

Ah! ce jour-là, tendre, vif, empressé,
Monsieur Mongrolle était plus avancé.

MARIE.

Que de plaisirs dans la jeunesse!

MADAME MONGROLLE.

Il n'en est qu'un pour la vieillesse.
J'ai le passé!

MARIE.

J'ai l'avenir;
J'ai l'espérance!

MADAME MONGROLLE.

Et moi, le souvenir!

Ainsi, ma nièce, tu es bien contente?

MARIE.

Oui.

MADAME MONGROLLE.

Allons, que Dieu soit loué! (*Arthur paraît dans le fond, et se retire en voyant madame Mongrolle.*) Ah! je vois le marié qui nous guette, il est temps de me retirer. Adieu, mon enfant; à demain!

MARIE.

Vous me quittez?

MADAME MONGROLLE.

Il le faut... Mais je suis bien heureuse.

SCENE X.

MARIE, *seule.*

Me voilà seule! Je ne sais pourquoi je me sens si troublée!... Arthur va venir, sans doute?... Pour la première fois seule avec lui! lui que j'aime sans jamais avoir osé le lui dire! lui qui tout à l'heure ici a juré de n'aimer que moi!... Que de bonheur! et pourtant je tremble : pourquoi?

Air : *Une robe légère.*

C'est moi seule qu'il aime;
Bannissons mon effroi!
Il a pris le ciel même
Pour garant de sa foi;
L'espoir que Dieu m'envoie
Ne peut être trompeur...
Ce qui donne la joie,
Devrait-il faire peur?

Oh! non... Rassurons-nous! j'entends quelqu'un... c'est lui! Il ne sait pas combien il est aimé : qu'il aura de plaisir à l'apprendre! que j'aurai de joie à le lui dire!... Le voici!... Je ne sais si je pourrai lui parler.

SCENE XI.

MARIE, ARTHUR.

ARTHUR.

Enfin, Marie, je vous trouve sans témoins.

MARIE.

Vous désiriez ma présence?

ARTHUR.

Oui, le moment est venu où un entretien sérieux est indispensable, j'ai quelque chose à vous confier.

MARIE.

Parlez... mais qu'avez-vous?

ARTHUR.

Peut-être aurais-je dû vous instruire plus tôt; peut-être mon silence est-il un tort?... Mais vous me pardonnerez, n'est-ce pas?

MARIE.

Si jamais vous aviez eu besoin d'indulgence, croyez que le pardon est prononcé d'avance dans le cœur de Marie... Croyez que je veux ignorer...

ARTHUR.

Non, l'honneur et la conscience ne me permettent pas de me taire ; il faut que la vérité vous soit connue.

MARIE, *à part.*

Que va-t-il me dire ?

ARTHUR.

Écoutez moi. Ce fut sans me consulter que mon père arrangea notre mariage ; mais la délicatesse me força de renouveler l'offre de ma main à mon retour des colonies, car j'étais devenu riche.

MARIE, *à elle-même.*

Quel ton glacé !

ARTHUR.

En m'y déterminant, je n'ai jamais eu l'intention de vous tromper.

MARIE.

Me tromper !

ARTHUR.

Vous avez vu que je n'ai rien fait pour chercher à obtenir votre affection.

MARIE.

Comment ?

ARTHUR.

Vous aviez la liberté de me refuser; mais sachant dans quelle situation me plaçaient les obligations que j'avais à votre père, sans vous inquiéter des dispositions de mon cœur, sans que ma froideur vous alarmât, vous vous êtes contentée de devenir ma femme, c'est-à-dire de porter mon nom, de partager avec moi les faibles avantages que le rang peut procurer.

MARIE.

Ah ! l'avez-vous pu croire que ce fût là ma pensée ?

ARTHUR.

Ne craignez rien, Marie, vous jouirez de tous les avantages que vous avez cherchés dans votre union avec moi, de tout le bonheur que peut donner la fortune, car je tâcherai, autant qu'il me sera possible, de rendre votre vie heureuse.

MARIE.

O mon Dieu ! est-ce un songe ?

ARTHUR.

Vous serez entièrement maitresse ici, maîtresse de toutes vos actions ; vos goûts seront toujours consultés ; enfin vous obtiendrez tout ce que vous avez désiré de moi.

MARIE.

Que vous ai-je fait, Arthur, pour être si mal jugée ?... Ah ! je ne suis pas la femme frivole, insensible et vaine que vous croyez... Si je n'ai pas interrogé votre cœur, c'est qu'il me semblait que votre conduite répondait à tous mes désirs.

ARTHUR.

Vous avez pu voir au moins mon indifférence.

MARIE.

Je n'ai vu que votre bonté pour moi.

ARTHUR.

Il est vrai que vous ignorez ce que c'est que l'amour.

MARIE.

Arthur !...

ARTHUR.

Oui, vous ne connaissez pas l'empire d'une passion qui change toute la vie, qui ne laisse de possibilité de bonheur que dans un seul objet, qui a besoin d'un amour pareil pour trouver la seule félicité qui se puisse rencontrer sur la terre !

MARIE.

Ah ! cet amour...

ARTHUR.

Cet amour, vous l'auriez vu si vous aviez voulu lire dans mon cœur ; vous auriez vu que toutes les affections de mon ame étaient engagées.

MARIE, *avec un trouble extrême.*

Quoi !... que voulez-vous dire ?

ARTHUR.

Que je n'étais plus libre d'en disposer ; que, depuis mon retour...

MARIE.

Depuis votre retour ?...

ARTHUR.

Tout mon amour est à un autre.

MARIE, *avec douleur.*

Juste Dieu !

ARTHUR.

Voilà ce que l'honneur m'obligeait à vous dire : en vous donnant mon nom j'ai rempli un devoir, mais vous tromper eût été indigne de moi, et je me console en songeant que cet aveu ne fera point votre malheur, et que votre indifférence garantit votre repos.

MARIE, *à part.*

Mon indifférence !

ARTHUR.

Je ne vous ai jamais inspiré d'amour.

MARIE, *à part.*

Ah ! qu'il le croie !... je suis déjà assez humiliée.

ARTHUR.

Comptez sur ma complaisance, et sur mon amitié ; mais je me regarderais comme un homme sans délicatesse si, avec les sentimens que j'éprouve pour une autre, vous pouviez être à mes yeux autre chose qu'une sœur. (*montrant la porte du pre-*

mier plan à gauche.) Voilà votre appartement, voici le mien... voyez si vous voulez consentir à ces conditions qui, je l'avoue, peuvent vous offenser... Voyez si vous voulez vivre ainsi...

MARIE.

Arrêtez, monsieur le comte. Faut-il donc que je prenne à l'instant même une décision sur l'événement le plus important de ma vie? sans un jour de réflexion, sans un ami pour me conseiller et me soutenir dans cette rude épreuve?

ARTHUR.

Je n'exige rien.

MARIE.

Hélas! celui qui aurait dû naturellement me consoler et me protéger dans les maux de la vie, est celui-là même contre qui je dois m'armer de courage et de fermeté!... (*Elle passe sa main sur ses yeux.*) Pardon, monsieur... Mais je n'avais jamais connu le chagrin. Excusez cette faiblesse... ne me croyez pourtant pas une timide et frivole enfant!

ARTHUR.

Quel langage!

MARIE.

J'ai été cruellement trompée!... mais je ne vous fais aucun reproche; aucune plainte ne sortira de ma bouche.

ARTHUR.

Tant de douceur, Marie, vous donne des droits à mon amitié, et tout en reconnaissant que je n'ai pas ceux d'un mari...

MARIE.

Qu'il ne soit plus question de ce sujet entre nous, monsieur; à dater de ce moment fatal, je ne veux plus qu'un seul mot nous le rappelle. Un jour viendra peut-être où vous apprendrez à mieux connaître celle à qui vous avez donné le nom de votre femme. Que le ciel m'accorde la résignation, et à vous le bonheur! (*Elle fait un pas vers son appartement à gauche.*)

ARTHUR.

Vous ne me maudissez pas?

MARIE.

Je ne maudis pas même mon sort...(*On entend les sons des instrumens jusqu'à la fin de l'acte.*) Ah! entendez-vous ces instrumens? c'est pour la fête de mon mariage. Mon père est là, il croit à mon bonheur... mon pauvre père!

ARTHUR.

Marie!...

MARIE.

Assez, monsieur, assez;.. et pourtant, un mot encore, un seul, puis je vous quitte.

ARTHUR.

Ordonnez.

MARIE, *timidement et avec effort.*

Si nos nœuds étaient rompus... celle que vous aimez pourrait-elle recevoir... votre main?

ARTHUR.

Non, elle n'est pas libre

MARIE, *étonnée.*

Ah!

ARTHUR.

Si vous saviez!..

MARIE.

Rien de plus, monsieur, je ne veux rien savoir; maintenant ma résolution est prise; vous serez satisfait. Adieu, je me retire.

ARTHUR, *fait un mouvement avec inquiétude.*

Et votre résolution?

MARIE, *près d'entrer dans son appartement, et s'arrêtant.*

Adieu, mon frère.

(*Elle s'élance dans son appartement, Arthur s'achemine lentement vers le sien. On entend toujours les instrumens.*)

FIN DU PREMIER ACTE.

ACTE II.

Même décoration qu'au premier acte. La table de droite a été enlevée; un guéridon a été placé à gauche, il est couvert de dessins et de musique.

SCENE PREMIERE.

MARIE, *seule.*

(*Elle sort de son appartement l'air rêveur et triste, elle est vêtue d'une robe de mousseline blanche, toilette du matin.*)

Toute une nuit passée à réfléchir! puis, au jour, une heure de sommeil. Et pour la première fois de ma vie, en m'éveillant, une impression confuse de chagrin... avant même que mes idées me fussent bien présentes, je me sentais l'ame oppressée. Hier fut un jour d'espérance qui n'aura pas de lendemain; mon père, ma tante, mes amis, ils me félicitaient; comme ils se sont trompés! Que leur dirai-je?... Et lui? lui... je le trouve coupable envers moi; mais quand je le compare aux autres hommes, combien il est supérieur! et s'il me paraît ainsi à moi qu'il dédaigne, que doit-il donc être aux yeux de celle qu'il aime? Celle qu'il aime! il l'a quittée cependant, il s'est séparé d'elle, il est ici, près de moi... Oh! si je pouvais lui prouver que je ne suis pas cette jeune fille insensible et vaine qu'il a cru trouver en moi?.. Si je me montrais digne de son amour?.. (*Sa figure s'égaie.*) Oui, un temps viendra peut-être où je lui plairai. Toute espérance n'est pas perdue.

Air *d'Aristippe.*

Ce nœud fatal qui maintenant m'enchaîne,
M'a-t-il livrée à d'éternels regrets?
Je me souviens, sans en être trop vaine,
Qu'on m'a souvent trouvé quelques attraits;
Le temps encor n'a pas changé mes traits!
Ce souvenir, consolant ma souffrance,
Depuis hier m'est venu rassurer;
Quand mon mari me dit, point d'espérance!...
Mon miroir me dit d'espérer.

Je peux encore être heureuse; essayons, je le forcerai à m'aimer; je consulterai tous ses désirs... Et son cœur, qui dans notre enfance me comprenait si bien, finira par m'entendre encore!.. Quelque chose me dit là que je réussirai... On vient; ah! c'est sa parente, madame de Varincourt... je suis bien aise, je veux lui parler.

SCENE II.

LAURENCE DE VARINCOURT, *vêtue d'une robe de mousseline blanche : elle entre par le fond* ; MARIE.

LAURENCE.

Marie! (*Elle fait un mouvement pour s'éloigner.*)

MARIE, *s'avançant.*

Veuillez rester, madame, je vous en prie : je suis heureuse de me trouver seule avec vous, je désirais vous parler; il le faut, ne me refusez pas.

LAURENCE.

Me parler? à moi!

MARIE.

Nous nous connaissons peu, il est vrai, mais il est des circonstances qui peuvent forcer à des explications, bien que la confiance et l'amitié ne les aient pas amenées.

LAURENCE, *avec trouble.*

Je ne vous comprends pas.

MARIE.

Ecoutez-moi. Rien ne m'est échappé; j'ai d'abord été surprise de votre éloignement de la chapelle, vous, madame, la seule parente d'Arthur!.. puis, je vous ai examinée pendant toute la journée d'hier.

LAURENCE, *dont le trouble augmente.*

Comment?

MARIE.

Oui, j'ai deviné ce qui se passait dans votre cœur; ah! madame...

LAURENCE, *avec un grand embarras.*

Je ne sais, en vérité, ce que vous voulez dire; permettez que je m'éloigne.

MARIE, *la retenant.*

Non, vous ne me quitterez pas ainsi. (*Elle sourit.*) C'est bien mal, sans doute, de n'avoir pas voulu assister à la cérémonie du mariage de votre cousin, d'avoir été triste et rêveuse; mais je vous pardonne, cette union vous faisait de la peine: vous pensiez qu'il serait malheureux avec cette jeune fille si peu digne de lui, si incapable de l'apprécier: il vous avait ouvert son ame, je n'en doute plus; mais rassurez-vous, j'ai l'espoir de parvenir à le rendre heureux. Tout mon bonheur à moi, c'est l'amour d'Arthur, je le sens bien; et, vous l'avouerai-je? j'ai osé compter sur vous pour m'apprendre à lui plaire.

LAURENCE.

Sur moi?

MARIE.

Je n'ai besoin de personne pour m'apprendre à l'aimer; mais vous consentirez à devenir mon amie, mon guide?

LAURENCE.

Moi! en vérité...

MARIE.

Oh! je vous dirai tout : crédule et confiante, j'acceptai la main de monsieur de Vérigny; je croyais à son amour; eh bien! je sais maintenant que, non-seulement il n'éprouve rien pour moi, mais encore qu'il en aime une autre. (*Laurence fait un mouvement.*) Vous rougissez? ah! vous le saviez.

LAURENCE.

Vous êtes dans l'erreur, Marie.

MARIE.

Oh! non, ce n'est point une erreur; ne craignez pas de me l'avouer; il n'a pas craint de me le dire lui-même.

LAURENCE.

A vous!

MARIE.

Oui; mais le nom de cette femme, je ne le sais pas, je ne veux pas le savoir... je la haïrais trop.

LAURENCE.

Oui... vous la haïriez....

MARIE.

Et pourtant, si je la voyais, je saurais comment il faut être pour plaire!.... Dites-moi, vous, madame, qui êtes la parente d'Arthur, vous en qui il a toute confiance, vous devez la connaître?.... Ah! parlez, je vous en supplie, ne repoussez pas ma prière; dites-moi qui elle est, où elle est....

LAURENCE, *à part.*

Je suis au supplice!

MARIE.

Vous ne me répondez pas?

LAURENCE.

Que répondrai-je à de semblables questions? Croyez que j'ignore...

MARIE.

Non, vous ne l'ignorez pas. Je le vois à votre embarras... Ne craignez pas de m'affliger : j'ai de la force, de la résignation!... Puis, je vous l'avouerai, il me reste aussi un peu d'espoir.

LAURENCE.

Ah!...

MARIE.

Quand elle saura qu'une pauvre jeune fille ne demande au ciel pour sa part de bonheur en ce monde, que l'amour de celui qui vient de s'unir à elle ; que, sans cet amour, ce nom, ce rang, cette fortune ne sont rien à ses yeux; qu'elle donnerait tout pour un mot tendre d'Arthur; que, depuis dix ans, elle ne vit que de cette espérance... elle en aura pitié!... n'est-il pas vrai, madame, qu'elle en aura pitié?

LAURENCE.

Ah ! sans doute...

MARIE.

Ou, si son cœur repoussait mes vœux, eh bien! j'essaierais de lutter avec elle, de lui disputer Arthur. Je devinerais en elle ce qui a pu le charmer.

AIR *de Teniers.*

A mes regards si le sort la présente,
Je chercherai d'où lui vient son pouvoir ;
Esprit, talens et grace séduisante,
J'épierai tout, car je veux tout avoir!
Oui, croyez-moi, si je peux la connaître,
Pour l'imiter rien ne me coûtera :
Les yeux d'Arthur me verront... et peut-être
Son cœur un jour se trompera!

Ah! vous qui la connaissez, dites-moi, madame, pourrai-je y parvenir?

LAURENCE, *après avoir hésité, et avec une douleur concentrée.*

Oui, Marie, vous y parviendrez.

MARIE.

Elle est belle, sans doute?..... mais on disait aussi que j'étais jolie... N'hésitez pas à m'avouer la vérité, est-elle bien mieux que moi? (*avec crainte.*) Vous vous taisez!

LAURENCE, *faisant un effort et la regardant avec jalousie.*

Mieux que vous!.... Ah! que d'avantages vous avez sur elle!

MARIE.

Quel bonheur!

LAURENCE, *à part.*

Que je souffre!

MARIE.

Vous ignorez peut-être que, pour plaire à Arthur, j'ai acquis des talens? Souvent mes amies, et mon père lui-même, pleuraient en m'entendant chanter.... Je me disais alors : Arthur un jour sera ému quand cette voix lui dira, je t'aime!..... Elle aussi, a-t-elle des talens? sait-elle peindre? sait-elle chanter?

LAURENCE, *avec une douleur contrainte*

Non, non... Vous devez l'emporter sur elle.

MARIE, *avec joie.*

C'est donc moi qu'il finira par préférer!... Que vous êtes bonne, madame, de me donner cet espoir! Oui, il m'aimera.

L'innocence de mon amour sera un charme de plus, n'est-il pas vrai ?

LAURENCE, *à part.*

Que je suis malheureuse !

MARIE.

Que cet entretien m'a fait de bien !

LAURENCE, *à part.*

Qu'il m'a fait de mal !

MARIE.

Ma résolution est prise : tous mes instans seront consacrés à embellir sa vie ; l'absence de celle qu'il aime ajoute à mon espoir ; moi, je serai là, toujours ! mes soins, ma tendresse seront de tous les momens ; en trouvant près de lui tant d'amour, peut-être ne sera-t-il plus tenté d'aller en chercher ailleurs.

LAURENCE, *à part.*

Hélas !...

MARIE.

Vous, madame, qui avez bien voulu m'écouter et compatir à mes chagrins ; vous qui m'avez donné l'espérance, mon seul bien aujourd'hui, permettez que je vous demande encore une grace.

LAURENCE.

Une grace !.... Parlez, Marie, parlez.

MARIE.

Accordez-moi votre amitié : je vous aimais déjà comme la parente d'Arthur, je veux vous aimer pour vous-même, vous regarder comme une sœur... Mettons de côté la cérémonie et les froides politesses, et souffrez que j'embrasse une amie.

(*Elle l'embrasse.*)

LAURENCE, *à part.*

Horrible situation !... O mon Dieu, donnez-moi du courage !...

MARIE.

Il me semble que j'ai déjà gagné quelque chose.

LAURENCE.

J'entends du bruit ; permettez que je me retire.

MARIE.

Je vous laisse vous éloigner ; mais je suis moins malheureuse, j'ai rencontré un cœur qui daigne me plaindre.

LAURENCE, *à part.*

Ai-je assez souffert ?

(*Elle sort par la porte du deuxième plan à droite.*)

SCENE III.

MARIE, *puis* ANNA *et* ROBERT.

MARIE, *seule un instant.*

Allons, mon parti est pris, mon destin est irrévocablement fixé; il faut essayer de lui plaire!.. Qu'il ne soupçonne pas mon chagrin; qu'il me trouve toujours douce, bonne, gaie, et peut-être....

(*Anna entre poursuivie par Robert qui l'embrasse.*)

ANNA.

Encore!... finissez donc!

MARIE.

Qu'y a-t-il?

ROBERT.

Ah, pardon!... Je ne voyais pas madame.

MARIE.

M'apportez-vous ma harpe, mes pinceaux et mes couleurs, Robert?

ROBERT.

Quoi! déjà?

ANNA.

Madame ne veut sûrement pas s'en servir ces jours-ci?

MARIE.

Pourquoi pas?

ROBERT.

Les gens riches ne sont pas obligés de travailler, ils peuvent s'aimer toute la journée, ils sont bien heureux.

MARIE.

Comment?

ROBERT.

Sans doute, ça n'est pas comme nous: Anna a toujours à me dire: Il faut que je prépare la toilette de madame, j'ai ceci, j'ai cela à faire!... on n'a pas un moment à soi.

ANNA.

Taisez-vous donc, vilain bavard!

ROBERT.

Je parle de ça à madame pour qu'elle voie bien qu'elle a donné sa sœur de lait à un homme qui l'aime de tout son cœur, et qui est bien reconnaissant. Dis donc aussi, Anna, que tu es reconnaissante.

ANNA.

Madame sait bien ce que c'est que d'épouser celui qu'on aime.

MARIE, *à part.*

Hélas! (*haut.*) Vous ne m'avez pas répondu, Robert: aurai-je ce que je vous ai demandé?

ROBERT

Pardon, excuse, madame... J'y cours et je reviens tout de suite. (*Il sort.*)

SCENE IV.

MARIE, ANNA.

ANNA.

Ce pauvre Robert!... comme il m'aime!.... Mais madame doit être bien heureuse aussi?.... Monsieur le comte est si bien, il a de si nobles manières!... Voilà un joli cavalier... Il est vrai que madame est charmante, et qu'il doit être bien amoureux.

MARIE.

Parlons de toi, ma chère Anna : tu es donc bien contente?

ANNA.

Que ma bonne maîtresse me pardonne si je me mêle de ce qui ne me regarde pas; mais que voulez-vous?

AIR : *Paris et le village* (Romagnesi).

Nous avons chacune un mari,
Notre sort n'est-il pas le même?
Le vôtre est sûr d'être chéri,
Le mien est certain que je l'aime :
Ce jour, grace à votre bon cœur,
Nous voit heureuses l'une et l'autre...
Lorsque je vous dois mon bonheur,
Je le double en songeant au vôtre.

MARIE.

Je te remercie, Anna.

ANNA, *à part.*

Elle n'a pas l'air gaie comme moi... c'est singulier!

SCENE V.

MARIE, ANNA, ROBERT, *apportant une harpe*, UN DOMESTIQUE, *portant une boîte à couleurs et des pinceaux*, puis ARTHUR.

ROBERT.

Madame, voici la harpe, la boîte à couleurs et les pinceaux.

MARIE.

Bien, posez tout cela ici.

(*Elle s'approche de la harpe, ouvre la boîte et s'occupe de tous ces objets; Arthur sort de son appartement et ne la voit pas d'abord, parce que Robert et Anna sont placés entre elle et lui.*)

ARTHUR, *à Robert.*

N'a-t-on pas apporté au château deux tableaux de marine ?

ROBERT.

Oui, monsieur.

ARTHUR.

Vous les mettrez à la place des deux paysages qui sont dans ma chambre.

ROBERT.

A la place des deux paysages!.... Mais monsieur ne sait donc pas?...

ARTHUR.

Quoi ?

MARIE *s'approche timidement; Arthur fait un mouvement de surprise.*

Ces deux paysages sont de moi : je les avais fait placer près de vous pour me rappeler à votre souvenir durant les heures d'absence... mais on les ôtera.

ARTHUR.

Ah !... qu'on n'y touche point!

MARIE.

En les plaçant là, mon intention avait été de vous offrir un souvenir agréable; on atteindra ce but en mettant sous vos yeux des tableaux qui vous rappellent vos voyages lointains. Qu'il en soit donc ainsi ! Je désire que vous soyez heureux; qu'importe par quels moyens ?

ARTHUR.

Non... ces tableaux resteront : on trouvera une place pour les autres... Ah! n'est-ce pas cette jeune fille qui s'est mariée hier ?

MARIE.

Ma sœur de lait, élevée dès l'enfance près de moi; elle reste à mon service. Voilà Robert, son mari; je vous avais déjà parlé d'eux; mais hier vous étiez si distrait...

ROBERT.

Non-seulement madame a donné une dot à Anna...

MARIE, *l'interrompant.*

C'est bon, Robert, c'est bon!

ROBERT.

Excusez, je veux le dire à monsieur, s'il ne le sait pas : c'est l'argent destiné à ses menus plaisirs de jeune demoiselle que madame la comtesse a consacré à faire une dot à sa sœur de lait... C'est ça qui est de la bonté! se priver de ces beaux chiffons de toilette que les jeunes filles aiment tant!...

ARTHUR, *la regardant avec intérêt.*

Madame n'en a pas besoin pour être jolie.

MARIE, *à part.*

Il m'a regardée!

ROBERT.

Tant de vertus devaient porter bonheur... aussi le bonheur est-il arrivé avec monsieur le comte.

ARTHUR.

C'en est assez, Robert...

ANNA.

Madame n'a plus besoin de rien ?

MARIE.

Non, mes amis, allez.

SCENE VI.

ARTHUR, MARIE.

ARTHUR, *avec embarras.*

Vous étiez occupée, quand je suis entré ?... cette harpe, ces pinceaux...

MARIE, *avec gaîté.*

Contribueront à nous faire passer le temps.

AIR : *Je conçois que pour le séduire* (Espionne.)

Si parfois le sort nous rassemble,
Nous pourrons charmer nos loisirs,
Dessiner ou chanter ensemble,
Et trouver encor des plaisirs.
Dans les salons où nous devrons paraître,
A mes talens le monde applaudira...
Nos jours ainsi seront heureux... peut-être...
Car il n'est pas besoin de s'aimer pour cela!
Est-il besoin de s'aimer pour cela ? (*bis.*)
Non, il n'est pas besoin de s'aimer pour cela.

ARTHUR, *à part.*

Allons, je ne m'étais pas trompé !... elle est vaine et frivole.

MARIE.

Pourquoi ce regard sévère ? ce n'est pas vous, Arthur, qui voudriez enlever aux femmes les plaisirs que peuvent donner l'étude et les arts ?

ARTHUR.

Non, sans doute.

MARIE.

Ma pauvre mère disait, et je ne l'ai pas oublié : ces douces occupations ajoutent aux attraits et aux vertus d'une femme ; quand l'esprit s'éclaire, le cœur devient meilleur. Se rendre digne d'être l'amie de son mari, c'est doubler le charme d'une heureuse union.

ARTHUR.

Ah !...

MARIE.

Oui, elle disait cela, et vous, Arthur, vous devez penser comme elle! Il n'y a que les hommes médiocres qui en veulent aux femmes de chercher à s'instruire : ils ont si peur de ne pouvoir être impunément des sots devant elles!

ARTHUR, *étonné.*

Ainsi, vous pensiez que le meilleur moyen d'être aimée...

MARIE.

Oui, je pensais... (*Elle rit.*) mais je pense maintenant qu'il faut, pour cela, plus de bonheur que de vertus.

ARTHUR, *à part.*

Elle rit!... se moquerait-elle de la situation où je me suis placé?

MARIE.

Ah! voici mon père.

SCENE VII.

ARTHUR, JUBELIN, MARIE.

JUBELIN, *en entrant par le fond.*

Ils sont ensemble!... bravo!... Bonjour, mes enfans; embrasse-moi, ma fille... et vous aussi... car vous êtes mon fils maintenant!... n'est-ce pas?

ARTHUR, *se laissant embrasser.*

Bonjour, monsieur.

JUBELIN.

Je voulais être le premier à vous féliciter : car chacun va s'empresser de venir... c'est une si bonne fille que ma chère Marie!... tout le monde l'aime... Ah! je vous ai donné là un vrai trésor!...

ARTHUR, *avec embarras.*

Croyez, monsieur...

JUBELIN.

Je désirais depuis bien long-temps voir arriver cet heureux jour : c'est vraiment le plus beau jour de ma vie!... le 1er juillet!... ah! j'espère le fêter tous les ans... et qui sait?... l'année prochaine, un baptême peut-être... (*Il rit.*) Eh bien! qu'as-tu donc? te voilà toute rouge!... allons, allons, remets-toi; tu es mariée, on peut se permettre la petite plaisanterie, et ce que je dis là est tout naturel; n'est-ce pas, mon gendre?.. (*Il rit.*) et puis, je dois être parrain!... ah! quand je pense à ce moment-là...

AIR : *T'en souviens-tu.*

C'est un beau jour qui m'est promis encore :
J'en ai si peu que je dois y tenir!
Oui, grace vous, à l'enfant que j'adore,

A ma vieillesse il reste un avenir :
Mais hâtez-vous, si vous voulez, mon gendre,
Combler enfin le dernier de mes vœux ;
Car, à mon âge, on ne peut guère attendre ;
Et les vieillards sont pressés d'être heureux.

(*Il remarque l'embarras d'Arthur.*) Comment, et vous aussi!... c'est drôle!... je vous croyais plus jovial que cela... voyons, ne me boudez pas... voici la tante Mongrolle qui vient vous faire compliment.

SCENE VIII.

ARTHUR, JUBELIN, MADAME MONGROLLE, MARIE.

MARIE.

Bonjour, ma tante.

ARTHUR, *à part.*

Je suis au supplice!... et je ne puis m'éloigner.

MADAME MONGROLLE.

Bonjour, toute la compagnie... (*Elle regarde attentivement Marie qui sourit.*) (*à part.*) Elle rit!... c'est étrange!... (*haut.*) embrasse-moi, ma chère.

JUBELIN.

Ah! çà, nous allons bientôt descendre tous ensemble dans le parc, une magnifique partie de pêche est projetée, et nous nous amuserons. Eh bien! qu'est-ce donc, ma sœur? vous faites une mine à nous effrayer! c'est une justice à vous rendre, vous avez un caractère égal, vous êtes toujours de mauvaise humeur.

MADAME MONGROLLE.

Merci, mon frère.

JUBELIN.

C'est vrai, cela devient ennuyeux à la fin, et vous devriez bien nous faire grace de vos grogneries dans un jour comme celui-ci.

MADAME MONGROLLE.

Un jour comme celui-ci!... ne voilà-t-il pas un beau jour!.. je ne sais pas, en vérité, ce que c'est qu'une pareille noce... d'abord, je n'ai pas pu dormir de toute la nuit.

JUBELIN, *riant.*

Des idées de mariage qui vous troublaient?

MADAME MONGROLLE.

Laissez donc, mon frère... c'est vous qui marchiez dans votre chambre placée au-dessus de la mienne, et vous n'êtes pas léger ; vous faisiez un bruit!...

MARIE, *avec inquiétude.*

Comment, mon père!... vous n'avez pas dormi?

JUBELIN.

S'il faut l'avouer, malgré ma confiance en vous, mon cher gendre, je n'ai pu me défendre d'une inquiétude qui a troublé mon sommeil... Remettre aux mains d'un autre le sort de l'enfant chéri sur lequel on a veillé depuis sa naissance, c'est une terrible chance! mais toutes les réflexions que j'ai faites sur la noble délicatesse de votre caractère, sur l'attachement que vous éprouviez pour elle dès l'enfance, m'ont tranquillisé... (*Il tend la main au comte.*) Oui, je peux être sûr de son bonheur, n'est-il pas vrai?

ARTHUR.

Ah! monsieur, soyez convaincu...

MARIE, *à part.*

Sauvons-le de son embarras. (*haut en se jetant dans les bras de Jubelin.*) Mon bon père, je serai heureuse!

JUBELIN.

A la bonne heure. A propos, je pense maintenant que, de ma fenêtre, où je suis resté jusqu'à trois heures du matin, je voyais de la lumière dans votre appartement, mon gendre, et sur les rideaux l'ombre de quelqu'un qui passait et repassait: cela m'a intrigué... car enfin, cette nuit, il ne devait y avoir personne dans votre appartement.

ARTHUR.

Monsieur...

JUBELIN, *souriant.*

Que diable!... c'est clair, il ne devait y avoir personne... J'interrogerai les domestiques, à ce sujet, si vous le permettez.

ARTHUR.

Mais en êtes-vous bien sûr?

JUBELIN.

Parfaitement sûr. J'ai encore de bons yeux, je vous en réponds.

MADAME MONGROLLE.

Eh bien! quand je vous dis qu'il s'est passé cette nuit quelque chose d'extraordinaire!

MARIE, *naïvement.*

Je vous assure, ma tante, que vous vous trompez.

JUBELIN.

Oui, ma sœur, vous rêvez.

MADAME MONGROLLE.

On n'est pas encore assez vieille, entendez-vous, mon frère, pour ne pas se souvenir de son jeune temps; on sait ce qu'on sait, on n'a pas oublié le jour de ses noces, et certes, monsieur Mongrolle...

AIR : *Vaudeville du premier Prix.*

Mais aussi, c'était un digne homme!

JUBELIN.

Ces souvenirs-là sont bien vieux!

MADAME MONGROLLE.

On irait de Paris à Rome,
Qu'on ne rencontrerait pas mieux!
J'ai conservé de la mémoire...

JUBELIN.

Certes, vous en avez besoin !

MADAME MONGROLLE.

Là-dessus, vous pouvez m'en croire

JUBELIN.

A beau mentir qui vient de loin.

MADAME MONGROLLE.

C'est bon, c'est bon : mais il n'en est pas moins vrai que monsieur Mongrolle ne se promenait pas tout seul, à six heures du matin, le lendemain de son mariage... mais ce n'était pas un grand seigneur, lui!...

JUBELIN.

Que, diantre, voulez-vous dire?

MADAME MONGROLLE.

Je veux dire que monsieur votre gendre se promenait dans le parc à six heures du matin.

ARTHUR.

Moi!

JUBELIN.

Lui!

MADAME MONGROLLE.

Lui-même... Je l'ai vu, de mes deux yeux vu... (*à part.*) Donnez donc un million de dot pour cela!

JUBELIN.

Voilà qui est bizarre!...

ARTHUR, *à part.*

Personne ne viendra-t-il m'arracher à cette position cruelle?

MARIE.

Mais, ma tante, qu'y a-t-il donc là d'extraordinaire?

MADAME MONGROLLE.

Ma nièce, je m'entends, et votre père qui ne dit rien...

JUBELIN.

Ma foi, tout cela me paraît incompréhensible.

SCENE IX.

ARTHUR, JUBELIN, RICHEBOURG, LAURENCE DE VARINCOURT, MARIE, MADAME MONGROLLE; *madame Mongrolle et Laurence se sont assises près du guéridon, Marie est debout entre elles.*

RICHEBOURG.

Peut-on se présenter sans indiscrétion?

ARTHUR, *vivement.*

Approchez, monsieur Richebourg, je suis charmé de vous voir. (*à part.*) Je respire!

LAURENCE.

Bonjour, madame Mongrolle; monsieur Jubelin, je vous salue.

RICHEBOURG.

Je vois que tout le monde a été aussi matinal que moi; et j'en suis bien aise, nous en serons plus tôt prêts pour les parties de plaisir qui sont projetées, car il faut aujourd'hui tâcher de s'amuser; les distractions conviennent à tout le monde, aux gens affligés comme aux gens heureux. Elles donnent aux uns l'oubli de leurs peines, elles arrachent les autres à la monotonie du bonheur.

LAURENCE.

Voilà de la philosophie, monsieur Richebourg.

RICHEBOURG.

Elle ne me fut jamais plus nécessaire.

ARTHUR.

Et pourquoi donc, monsieur?

RICHEBOURG, *allant après du groupe de femmes à gauche.*

C'est vous qui me le demandez!

ARTHUR.

Sans doute.

JUBELIN, *à demi-voix.*

Oh! ce n'est rien... Pendant votre absence, il avait demandé la main de sa cousine : le pauvre garçon était amoureux comme un fou.

ARTHUR.

Ah!...

JUBELIN.

Oui, mais il s'est résigné, et il a encore un peu de chagrin : il ne faut pas lui en vouloir.

ARTHUR, *à part.*

Il l'aimait!...

LAURENCE, *à Richebourg.*

Vous avez donc eu la bonté, monsieur, de chercher pour nous des moyens de distraction?

RICHEBOURG.

Ne m'approuvez-vous pas, vous, madame, que j'ai rencontrée dès le matin solitaire et rêveuse dans le parc...

MARIE.

Dès le matin!

JUBELIN.

Ah! çà, mais tout le monde était donc levé avant le soleil!... C'est comme la garde nationale un jour d'émeute. Il semblerait, en vérité, qu'on a battu la générale dans le château.

RICHEBOURG.

C'est merveille, n'est-ce pas, de trouver une jolie femme à la promenade avant sept heures?

MARIE, *à part.*

Avant sept heures!

LAURENCE, *à part, se levant.*

Je tremble!

MADAME MONGROLLE, *se levant.*

Ah! madame se promenait avant sept heures?

RICHEBOURG.

A la campagne, chacun n'est-il pas libre?... Allons, occupons-nous de nos projets.

ARTHUR, *vivement.*

Oui, vous avez raison; amusons-nous.

JUBELIN.

Voilà qui est bien dit, mon gendre: car nous vous quittons ce soir.

MARIE.

Si tôt, mon père!

JUBELIN.

Mes affaires me rappellent à Paris, mais je te reverrai dans peu.

ARTHUR, *faisant un mouvement pour emmener tout le monde.*

Puisqu'il en est ainsi, ne perdons pas de temps.

SCENE X.

ARTHUR, MARIE, JUBELIN, MADAME MONGROLLE, RICHEBOURG, LAURENCE DE VARINCOURT, ROBERT, *entrant par le fond et occupant le milieu.*

ROBERT.

Pardon, excuse, messieurs et mesdames, si je vous dérange; c'est que voici le portrait de monsieur le comte que François a trouvé, ce matin, dans le parc.

MARIE.

Son portrait!

ARTHUR.

Dans le parc!

LAURENCE, *à part, et portant sa main sur sa poitrine.*

Grand Dieu!

MADAME MONGROLLE.

Comment, son portrait!... voyons. (*Elle le prend au moment où Arthur tendait la main pour le recevoir.*)

ROBERT, *le donnant.*

Le voilà.

MADAME MONGROLLE.

C'est bien lui... mais où et comment François a-t-il trouvé ce portrait?

ROBERT.

Dès six heures du matin, François allait sarcler les allées du petit bois, quand il s'est trouvé tout à coup près de monsieur le comte et d'une dame qui s'est sauvée dès qu'elle l'a aperçu. Un instant après il a vu reluire quelque chose; c'était ce médaillon, il l'a ramassé et je l'apporte.

MADAME MONGROLLE.

Et la dame?

ROBERT.

La dame?... Je ne l'ai pas.

MADAME MONGROLLE.

Imbécile!... qui est-elle?

ROBERT.

François n'a pas vu sa figure, mais seulement sa robe qui est blanche, à ce qu'il dit.

MARIE, *regardant* Laurence.

(*à part.*) C'est elle!... Dieu tout-puissant!

LAURENCE, *à part.*

Je suis perdue!

ARTHUR, *à part.*

Que devenir?

JUBELIN, *se grattant l'oreille.*

Diable, diable!...

MADAME MONGROLLE, *à Robert.*

Laissez-nous. (*Il sort.*)

MARIE, *à part.*

C'est donc elle qu'il aime!... Et moi, tantôt... ah! mon Dieu!

MADAME MONGROLLE.

Eh bien! tout le monde semble interdit! que pensez-vous de cela, mon frère?

JUBELIN.

Ce que je pense... ce que je pense... mais je vous assure qu'il n'est pas facile de penser quelque chose quand on ne comprend pas.

MADAME MONGROLLE.

Demandez l'explication à votre gendre... et regardez votre fille... elle sait tout.

JUBELIN.

Quoi donc ?

MARIE, *à part, regardant Arthur.*

Comme il est troublé !

MADAME MONGROLLE, *examinant le médaillon.*

Et cette inscription : *à elle seule !*... c'est clair.

MARIE, *à part.*

Tout espoir est perdu.

MADAME MONGROLLE.

Monsieur le comte, daignerez-vous enfin parler?

ARTHUR, *avec impatience et mauvaise humeur.*

Eh! mon Dieu! madame...

MARIE.

C'est à moi de tout expliquer. (*à part.*) Il souffre... du courage !

LAURENCE, *à part.*

C'en est fait! oh! quel châtiment!

ARTHUR, *à demi-voix.*

Arrêtez!...

MARIE.

Monsieur, laissez-moi réclamer mon bien. (*avec une gaîté forcée.*) Ma chère tante, donnez-moi ce portrait, il m'appartient. C'est moi qui l'ai perdu ce matin dans le parc.

ARTHUR, *à part.*

Que dit-elle?

LAURENCE, *à part.*

Qu'entends-je ?

MADAME MONGROLLE.

Vous, ma nièce!...

MARIE, *prenant le portrait.*

Moi-même : ce portrait est un présent de mon mari. Il était à mon cou; la chaîne s'est détachée au moment où, surprise par François, je me suis sauvée après avoir quitté le bras d'Arthur.

JUBELIN.

Ouf! je respire!

MADAME MONGROLLE

Comment!... vous étiez dans le parc avec lui, à six heures du matin?

MARIE.

C'est une fantaisie à laquelle sa complaisance a bien voulu se prêter. L'air pur, un beau ciel, m'avaient fait souhaiter cette promenade.

ARTHUR, *à part.*

Que de générosité!

MADAME MONGROLLE.

Ah!... Et pourquoi donc aviez-vous l'air si troublée tout à l'heure?

MARIE.

J'étais embarrassée, je l'avoue; je craignais des plaisanteries sur mes idées romanesques.

MADAME MONGROLLE.

Allons, je n'ai plus rien à dire... sinon que c'est fort singulier.

MARIE, *bas à Arthur.*

Il m'a fallu mentir. C'est pour vous, monsieur.

JUBELIN.

Eh! parbleu, rien n'est plus simple : voilà une explication toute naturelle. Ces pauvres enfans! (*Il rit.*) Mais c'est tout-à-fait sentimental!... Le point du jour, le chant des oiseaux, les bois... c'est charmant, charmant! (*Il rit.*) Les jeunes gens à présent ont des idées qui ne nous seraient pas venues autrefois à nous autres.

MADAME MONGROLLE.

Et ça n'en était pas plus mal.

JUBELIN.

Je vous sais bon gré, mon gendre, de votre condescendance.

ARTHUR, *avec intention.*

Ah! chaque instant me montre dans Marie une vertu de plus.

JUBELIN.

J'espère, ma sœur, que vous êtes contente maintenant.

MADAME MONGROLLE.

Puisque vous êtes tous satisfaits; c'est à merveille. (*à part.*) On ne m'ôtera pourtant pas de la tête que ce mariage-là ne va pas comme ça devrait être.

JUBELIN.

Voyons, nous perdons un temps précieux; moi, d'abord, je suis en train de m'amuser. Tout est-il prêt, mon neveu, pour cette partie de pêche?

RICHEBOURG.

J'ai donné les ordres nécessaires.

JUBELIN.

Eh bien! marchons, nous déjeunerons sur l'eau : ce sera délicieux. Venez, messieurs et mesdames.

MARIE, *qui tient toujours le portrait.*

(*à Arthur.*) Restez, monsieur.

JUBELIN.

Ah! vous avez encore quelque chose à vous dire en particulier?... C'est juste... c'est juste... Nous allons tout apprêter; mais disposez-vous, car si vous nous faisiez attendre, nous reviendrions vous chercher. Ah! je veux profiter du temps qui me reste à te voir... Allons, allons, en route.

LE CHOEUR.

Air de la valse de Robin des Bois.

Préparons-nous, le ciel est beau ;
Vers l'étang que l'on s'achemine.
La poêle est prête à la cuisine,
Le goujon nous attend dans l'eau.

SCENE XI.

ARTHUR, MARIE.

MARIE, *timidement.*

Je vous ai retenu, monsieur, pour vous remettre ce portrait; car mon intention ne fut jamais de m'emparer d'un bien qui ne m'était pas destiné... et qui ne peut m'appartenir... Le voilà... je vous le rends, monsieur... (*Arthur hésite.*) Prenez-le donc... (*avec émotion.*) Il est à elle... à elle seule !

ARTHUR, *reprenant le portrait.*

(*avec trouble.*) Combien j'étais trompé sur votre caractère!... Ah! je me reproche le jugement injuste et précipité que j'avais porté sur vous!... Votre délicatesse, votre générosité envers moi... envers...

MARIE, *irritée.*

Envers elle!... Ah! elle ne me doit rien... ni vous non plus, monsieur... J'avais vu le regard inquiet de mon père, j'avais senti que son cœur se briserait à l'aspect du malheur de sa fille... d'un malheur irréparable!... car le sort n'a laissé qu'une chance dans la vie d'une femme... et maintenant tout est dit pour moi.

ARTHUR.

Si vous saviez par quelles circonstances des liens...

MARIE, *l'interrompant.*

N'en parlons plus! Que mon père les ignore. Je souffrirai sans doute de ne pouvoir ouvrir mon cœur à mon seul ami, d'être obligée de le tromper; mais détruire, dans sa vieillesse, les espérances de toute sa vie!... Oh! non; qu'il soit heureux, celui qui fut si bon, celui qui, seul sur la terre, aime encore la pauvre Marie !

ARTHUR, *à part.*

Je me sens ému. Cette voix si douce, ces sentimens si nobles...

MARIE.

Si pourtant, monsieur, vous voulez tenir une de vos promesses en me laissant un peu de liberté, je demanderai la permission de rester dans mon appartement pendant cette partie de plaisir. J'ai besoin de solitude et de repos.

ARTHUR.

Je me charge de vous excuser. Heureux de vous obéir... Tout le monde ici vous obéira, car j'ai donné l'ordre de se conformer en tout à vos volontés. Ainsi, madame...

MARIE, *à demi-voix, et avec une douleur concentrée.*

Madame !

ARTHUR.

Marie... car, vous me permettez toujours ce nom d'amitié, que je vous donnai dès l'enfance... n'est-ce pas ?

MARIE.

Ce nom... Ah ! puissé-je ne jamais l'entendre !

AIR : *Un page aimait la jeune Adèle.*

Pour moi, jadis honorée et chérie,
Les jours fuyaient rapides et sereins ;
Et, bien long-temps, sous le nom de Marie,
Ma vie heureuse ignora les chagrins.

Mais à présent...

Quand ce doux nom de ma jeunesse
Retentira dans mon cœur affligé,
Le malheur reviendra sans cesse
M'apprendre que j'en ai changé.

(*Elle rentre précipitamment dans sa chambre.*)

SCENE XII.

ARTHUR, *seul.*

Elle me quitte !... Ah ! j'aurais dû lui parler, excuser ma conduite si offensante pour elle. Son innocence, son caractère si noble, son angélique douceur méritaient des égards que je n'ai pas eus... Elle est là, seule, irritée contre moi, me méprisant peut-être ?... Elle en a le droit... Oh ! mes torts sont bien grands !... mais j'ai besoin de son estime, de son amitié. Je veux me justifier auprès d'elle... il le faut. Son indulgence pardonnera les égaremens d'une passion irrésistible. Elle ne peut pas m'aimer, mais je ne veux pas qu'elle me méprise... Oui, je la verrai ; elle saura tout.

SCÈNE XIII.

ARTHUR, JUBELIN, *une ligne à la main, la casquette sur la tête, un petit panier au bras*, MADAME MONGROLLE, RICHEBOURG, AMIS *et* PARENS, *en costume de pêche.*

JUBELIN.

Eh bien! voyons, êtes-vous prêts?... Ah! vous voilà seul, mon gendre?

ARTHUR.

Marie est rentrée dans son appartement, elle désire être seule quelques instans.

MADAME MONGROLLE, *à part.*

Là! qu'est-ce que je disais... Il y a quelque anguille sous roche.

JUBELIN.

Que parlez-vous d'anguilles, ma sœur? Certainement il y en a! et qu'elles se tiennent bien, car je vais leur faire une terrible guerre!... Ah! çà, ma fille n'est pas indisposée?

ARTHUR.

Non, non... Quelques préparatifs... Elle nous rejoindra bientôt.

JUBELIN.

A la bonne heure. Venez donc, je me sens en train, et je vous promets une fameuse matelotte.

RICHEBOURG, *à part.*

Plus de doute : ils ne s'aiment pas.

JUBELIN *et* LE CHŒUR.

AIR *du Pas des Chasseurs* (Moïse.)

Allons, qu'on se dépêche,
Amis, marchons tous;
Quel plaisir plus doux!
On s'amuse à la pêche
Sans se déranger,
Comme sans danger.

JUBELIN.

Lièvre et perdreau font courir le chasseur;
Le poisson, mieux appris, vient trouver le pêcheur.

LE CHŒUR.

Allons, qu'on se dépêche, etc.

FIN DU DEUXIÈME ACTE

ACTE III.

Même décoration qu'aux deux actes précédens. Dans l'entr'acte on a placé des bougies allumées sur le guéridon.

SCENE PREMIERE.

JUBELIN, MADAME MONGROLLE, *puis* ROBERT.

MADAME MONGROLLE.

Oui, mon cher frère, vous aurez beau me traiter de visionnaire, vous croirez même que je radote, si vous voulez, je n'en soutiendrai pas moins mon dire : il y a dans ce mariage quelque chose d'extraordinaire.

JUBELIN.

Vous êtes terriblement obstinée, il faut en convenir, et vous avez un merveilleux talent pour tourmenter vous-même et les autres avec vos idées biscornues.

MADAME MONGROLLE.

Comment! vous n'avez pas examiné notre chère Marie? vous n'avez rien remarqué de bizarre, d'embarrassé dans la conduite et dans les manières de votre gendre?

JUBELIN.

Ma foi non : quand j'ai regardé ma fille, je l'ai vue sourire.

MADAME MONGROLLE.

Cela est vrai, la pauvre enfant! Mais je vous le dis, moi qui vois plus clair que vous, sous ce sourire il y a des larmes.

JUBELIN.

Des larmes!... Marie, ma fille bien-aimée!... Oh! si je le croyais!

MADAME MONGROLLE.

Vous avez voulu la marier à un grand seigneur; vous avez voulu qu'elle fût comtesse...

JUBELIN.

Sûrement je l'ai voulu; n'ai-je pas réussi?

MADAME MONGROLLE.

Ah!

JUBELIN.

Comment! ma sœur, vous soupçonneriez...

MADAME MONGROLLE.

Puisqu'il faut tout vous dire, oui, mon frère, je soupçonne...

JUBELIN.

Quoi?... que le comte Arthur, que mon gendre ne... Allons donc! vous me feriez dire quelque sottise; et vous êtes folle.

MADAME MONGROLLE.

Tout ce que vous voudrez, mais je le gagerais.

JUBELIN.

Vous avez une assurance qui m'effraie.

MADAME MONGROLLE.

J'ai de l'expérience et j'observe, voilà tout.

JUBELIN.

Ah! çà, un moment. Je me suis noblement conduit, j'ai donné un million pour assurer ce mariage; mais j'entends et je prétends... Diable! c'est assez cher pour que rien n'y manque.

MADAME MONGROLLE.

Ah! si vous l'aviez donnée à un bourgeois comme nous!...

JUBELIN.

Cela serait-il possible? Monsieur le comte, monsieur le comte... Il faut que j'en aie le cœur net : je vais interroger ma fille.

MADAME MONGROLLE.

Prenez garde à ce que vous direz, au moins.

JUBELIN.

Soyez tranquille, soyez tranquille; je causerai avec elle et je découvrirai bien... Au moment de quitter ce château, de laisser ma chère enfant avec son mari, je veux être certain de son bonheur; laissez-moi faire.

ROBERT, *entrant.*

Monsieur, un de vos commis, qui arrive de Paris, vous demande en bas; il a quelque chose à vous communiquer.

JUBELIN.

J'y vais. (*Robert sort.*)

Vous allez voir Marie, dites-lui de m'attendre, que je veux lui parler. Oh! monsieur mon gendre, je vous remettrai dans le bon chemin, tout comte que vous êtes. Diable! c'est que je ne plaisante pas sur le bonheur de ma fille.

(*Il sort.*)

SCÈNE II.

MADAME MONGROLLE, *puis* MARIE.

MADAME MONGROLLE.

Pauvre cher homme! Je m'en veux presque de lui avoir ouvert les yeux. Mais aussi c'est une chose qui ne se peut supporter... Et j'en mettrais ma main au feu, que notre aimable Marie est dédaignée. Elle si jolie!... Misérable vanité de mon frère! être le beau-père d'un comte!... Un comte! Voilà une jolie emplette qu'il a faite là!

MARIE, *entrant.*

Ah! c'est vous, ma chère tante? Vous êtes seule?... j'avais cru entendre la voix de mon père.

MADAME MONGROLLE.

Tu ne te trompes pas, mon enfant: il est sorti pour un instant, mais il va venir, et il te prie de l'attendre ici, il veut causer avec toi.

MARIE.

Je l'attendrai, ma tante.

MADAME MONGROLLE.

Nous quitterons ce château dans quelques heures.

MARIE.

Déjà!

MADAME MONGROLLE.

Sans doute; il le faut bien. Mais nous te laissons près d'un mari que tu aimes; tu n'auras rien à regretter.

MARIE.

Rien à regretter! Le pouvez-vous croire?

MADAME MONGROLLE.

L'amour d'un mari ne tient-il pas lieu de tout?

MARIE, *à part.*

L'amour d'un mari!...

MADAME MONGROLLE.

Tu ne me réponds pas? L'expression de ton visage me semble triste... est-ce que?...

MARIE.

Oh! non, non, vous vous trompez, je suis contente... bien contente!

MADAME MONGROLLE.

Ah!.. (*à part.*) Sortons, car je n'y tiens plus. (*haut.*) Allons, je suis bien aise, mon enfant, que tu sois satisfaite : adieu, je te reverrai avant de partir.

MARIE.

Je l'espère bien.

MADAME MONGROLLE, *à part en sortant.*

Les derniers mots ne sont pas dits.

SCENE III.

MARIE, *seule.*

L'expression de mon visage est triste, dit-elle? Ah! c'est qu'il est bien difficile de renfermer toujours au fond de son cœur un pareil chagrin: mais je veux en avoir la force... je l'aurai... Si mon père soupçonnait ce que je souffre, ce serait pour lui le coup de la mort... N'associons personne à mes tourmens; acceptons la destinée que le ciel m'a faite : ma vie s'usera bientôt dans cette contrainte de tous les instans; eh bien! celui qui me rend si malheureuse, celui que j'aime encore de toutes les forces de mon ame, apprendra un jour que je n'étais pas une frivole jeune fille que de vains avantages pouvaient séduire...alors, peut-être, il me donnera un regret; et elle, cette femme qu'il adore, à qui je me confiais, elle ne jouira pas de son triomphe, elle me reverra joyeuse, insensible à ses outrages, ardente aux fêtes, aux plaisirs... je veux qu'elle me croie heureuse.

SCENE IV.

JUBELIN, MARIE, *puis* ANNA.

JUBELIN, *en entrant.*

Elle est seule, c'est bon.

MARIE, *l'apercevant.*

Mon père!

JUBELIN.

Oui, mon enfant, c'est moi : tu as vu ta tante, ne t'a-t-elle pas dit?...

MARIE.

Hélas! mon père, elle m'a dit que ce soir vousdeviez retourner à Paris.

JUBELIN.

C'est précisément à cause de cela que je veux avoir avec toi unmoment d'entretien.

MARIE.

Je suis à vos ordres, mon père; voulez-vous vous asseoir?

JUBELIN.

Volontiers, car mon âge et une certaine émotion... (*Ils s'asseyent.*) Ecoute, ma chère Marie, tu n'as jamais douté, j'espère, de mon amour pour toi?

MARIE.

Oh! je serais bien coupable!

JUBELIN.

En assurant ton mariage avec le comte Arthur de Vérigny, j'ai cru assurer ton bonheur, et il m'a semblé que tu partageais mes espérances.

MARIE, *avec une douleur contrainte.*

Oui, mon père, je les partageais.

JUBELIN.

Maintenant ce mariage est accompli.

MARIE.

Oui, mon père.

JUBELIN.

Il est accompli ?

MARIE, *avec étonnement.*

Sans doute.

JUBELIN.

Ah! c'est que ta tante Mongrolle... c'est une brave femme, mais elle est quelquefois bien drôle... Ainsi, te voilà comtesse ?

MARIE.

Mais, oui, mon père ; n'étiez-vous pas là quand monsieur le maire a lu devant nous la loi ?

JUBELIN.

Monsieur le maire!... c'est juste.

MARIE.

N'assistiez-vous pas dans la chapelle à la cérémonie nuptiale ?

JUBELIN.

Dans la chapelle ?... certainement, j'y étais.

MARIE, *naïvement.*

Eh bien ?

JUBELIN, *à part.*

Diantre ! c'est plus difficile que je ne pensais. (*haut.*) Vois-tu, ma bonne Marie, moi, j'ai toujours été un homme tout rond, tu le sais bien ; je n'ai pas appris à entortiller ma pensée, je ne suis pas diplomate.

MARIE.

Je ne comprends pas bien.

JUBELIN.

Eh! parbleu, c'est là le mal : si tu comprenais, ça irait tout seul.

MARIE.

Veuillez vous expliquer, mon père.

JUBELIN.

M'expliquer... m'expliquer, c'est bien aisé à dire. Enfin, ta situation maintenant est tout-à-fait changée ?

MARIE, *dissimulant sa douleur.*

Oh ! oui.

JUBELIN.

Tu aimes Arthur ?

MARIE.

Je l'aime.

JUBELIN.

Arthur t'aime aussi ?

MARIE.

Je ne me plains pas, mon père.

JUBELIN.

C'est que, comme je te disais tout à l'heure, ta tante Mongrolle, elle a des idées si étranges...

MARIE, *avec crainte.*

Quelles idées ?

JUBELIN.

Dame ! elle s'inquiète, elle soupçonne...

MARIE, *avec anxiété.*

Elle soupçonne ? quoi donc ?

JUBELIN.

Ah! quoi ?... voilà!... elle a peur que tu ne sois pas contente.

MARIE.

C'est une preuve d'affection ; il faut l'excuser.

JUBELIN.

Oui, elle revient sans cesse sur ce qui s'est passé hier ; cette promenade du matin, cette lumière dans la chambre d'Arthur... moi, je lui dis que certainement Arthur n'était pas chez lui ; que...

MARIE, *se lève en rougissant.*

Mon père !..

JUBELIN.

Eh bien ! eh bien ! tu me laisses là ! Ecoute-moi, ma pauvre enfant ! (*Marie va s'asseoir sur les genoux de son père.*) Je serais si malheureux d'apprendre que je me suis trompé, que ton mari n'est pas pour toi ce qu'il doit être... je ne m'en consolerais pas, vois-tu !

AIR : *Muse des Bois.*

Ma chère enfant, depuis l'instant prospère
Où ta naissance a comblé tous mes vœux,
Enorgueilli de ce doux nom de père,
Je n'eus qu'un but, rendre tes jours heureux !
Oui, mon devoir est d'embellir ta vie ;
Sans ton bonheur, que ferais-je ici-bas ?
C'est un dépôt que le ciel me confie ;
S'il est perdu, je n'y survivrai pas !

MARIE.

Oh ! je ne veux pas que vous soyez malheureux.

JUBELIN.

Tu me pardonnes, n'est-ce pas, une inquiétude bien naturelle ?

MARIE, *se jetant dans ses bras.*

Je n'ai rien à vous pardonner, mon père. Ah ! que votre vieillesse soit heureuse ! c'est le plus cher de mes vœux, c'est le plus sacré de mes devoirs.

JUBELIN, *se levant.*

Allons, allons, tout est dit. (*à part.*) Je ne suis guère plus avancé que tout à l'heure ; aussi madame Mongrolle avait bien besoin de me mettre ses sottes idées dans la tête !

ANNA, *entrant.*

Madame de Varincourt désire parler à madame.

MARIE, *vivement.*

Madame de Varincourt ! non, non. (*Elle aperçoit l'étonnement de son père, et reprend d'un ton plus doux.*) Pas à présent, Anna ; vous le voyez, je suis avec mon père.

JUBELIN.

Que ce ne soit pas moi qui t'empêche de recevoir les parens de ton mari ; d'ailleurs, nous avons fini, je suis plus tranquille, et je n'écouterai plus la tante Mongrolle, ni ses ridicules soupçons qui me troublaient l'esprit. Allez, Anna, dites à madame de Varincourt qu'elle peut venir. (*Anna sort.*) Moi, je te quitte pour donner quelques ordres avant mon départ. Adieu... à revoir, mon enfant ; je t'embrasserai encore avant de monter en voiture.

(*Au moment où il va sortir, Marie se jette dans ses bras ; puis, elle essuie une larme qu'il ne voit pas. Il sort.*)

MARIE, *seule.*

Mon Dieu, donnez-moi la force de la voir !

ANNA, *annonçant.*

Madame de Varincourt.

SCENE V.

MARIE, LAURENCE ; *elles restent l'une devant l'autre un moment silencieuses.*

MARIE, *avec aigreur.*

Que voulez-vous de moi, madame ?

LAURENCE, *à part en la regardant.*

Que de charmes !

MARIE.

Pourquoi me regarder ainsi ? c'est moi, Marie, cette pauvre fille sacrifiée. Que me voulez-vous ? moi, je ne me plains pas ; que vous faut-il encore ? parlez, mais parlez donc !

LAURENCE, *d'un ton découragé.*

Oh ! non, non, vous ne pourriez pas m'entendre.

MARIE, *avec contrainte.*

Ne suis-je pas résignée à tout ? Ne me reste-t-il pas le monde et ses plaisirs ? le titre de sa femme, une grande fortune ? c'est plus qu'il n'en faut à une enfant.

LAURENCE.

Je ne m'attendais pas à vous trouver ainsi.

MARIE.

Vouliez-vous donc des larmes pour ajouter à votre triomphe ? veniez-vous insulter à ma douleur ? je ne veux pas pleurer... je ne pleurerai pas.

LAURENCE.

Ah! pouvez-vous concevoir cette pensée?

MARIE.

Qui peut donc vous amener ici? Vous, madame, vous qu'il aime, vous qui êtes si heureuse!

LAURENCE.

Heureuse!

MARIE *la regarde avec étonnement.*

Mais vos yeux sont mouillés de larmes? ah! parlez, je ne suis pas méchante!... ne me craignez pas.

LAURENCE, *avec une vive émotion.*

Je voulais... mais non... je ne puis... permettez que je m'éloigne.

MARIE.

Restez... que vois-je?.. vous tremblez!... Ah! je m'étais trompée, vous ne veniez pas me braver.

LAURENCE.

Je suis bien malheureuse!

MARIE.

Vous!

LAURENCE, *lui prenant la main avec force.*

Marie!... que le ciel vous préserve d'éprouver jamais tout ce que j'ai souffert depuis hier.

MARIE.

Est-il possible?

LAURENCE.

Oui, je parlerai : je ne veux pas que vous me méprisiez... vous pourrez me comprendre, car vous l'aimez!... et, quand vous m'aurez entendue, votre haine, votre colère s'affaibliront peut-être.

MARIE.

Ma haine?... je n'en ai point; et ma colère s'éteint en vous regardant .. vous paraissez souffrir!

LAURENCE.

Écoutez-moi, Marie : je suis née dans un climat brûlant : sortie à peine de l'enfance, je fus mariée à un vieillard; ignorant les passions, j'étais incapable de douleur; mes espérances n'empruntaient rien à l'expérience; je ne craignais pas le mal... je ne le connaissais pas... Je vis Arthur.... dans nos pays, on ne pense point, on sent... je vis Arthur... je devins toute amour!

MARIE.

Hélas!

LAURENCE.

Pardonnez-moi... ce récit peut-être....

MARIE.

Non, non, parlez!...

LAURENCE.

Dans cette île où je suis née, Marie, les dissipations du monde ne nous arrachaient pas à cet amour; la société ne nous raillait pas sur notre passion subite, ne la troublait point par ses plaisirs, ne la ternissait point par ses discours... seuls, et toujours ensemble, nous n'entendions que les battemens de nos cœurs, et la solitude agrandissait nos ames pour y laisser plus de place à l'amour... Voilà, Marie, voilà comment nous nous aimions!... peut-être à Paris cela paraît-il bien bizarre?

MARIE.

Ah! je ne comprends que trop votre bonheur!... mais pourquoi m'avoir trompée?

LAURENCE.

Bientôt la voix de ce monde oublié se fit entendre : Arthur voulut revoir la France; et je partis, car il était ma vie!... mais, depuis ce temps, que de pensées nouvelles se sont éveillées en moi!... dans votre Europe, des idées sans nombre tourmentent comme autant de maîtres auxquels il faut obéir. Arthur parlait de rang, de fortune, d'honneur, de devoirs et d'engagemens sacrés... On m'avait dit qu'à Paris on se mariait pour être riche, et non pour être heureux; que le mariage, ce n'était pas l'amour... je l'engageai moi-même à se marier... je ne vous avais pas vue!

MARIE.

Oh! je n'ai plus la force de vous accuser.

LAURENCE.

Mais, hier, ici, j'ai senti un mal inconnu, cruel, brûlant, qui dévore... la jalousie!... ma situation avec son malheur, ses torts et ses regrets s'est offerte à moi... votre naïve confiance, votre générosité si noble m'ont ouvert les yeux... pour la première fois j'ai rougi; j'ai compris que j'étais coupable... et maintenant il ne me reste plus qu'à mourir.

MARIE.

Mourir!... Vous!...

LAURENCE.

Il vous aimera, Marie.

MARIE.

Je l'espérais avant de vous connaître!

LAURENCE.

Et moi, que deviendrai-je sous votre ciel qui me glace, dans ce monde inconnu pour qui mon malheur n'est qu'un crime!... Étrangère à tous, sans appui sur la terre que le vieillard près de qui je n'oserai pleurer, et que, dit-on, mes larmes déshonorent! Ah! répondez... Ne faut-il pas que je meure?

MARIE.

Non, non...

LAURENCE.

Tous les cœurs désormais me seront fermés : objet d'indifférence et de haine, j'ai voulu du moins échapper au mépris : je vous ai fait lire dans mon ame ; haïssez-moi, vous le devez, mais ne me méprisez pas.

MARIE.

Je vous plains!...

LAURENCE.

Oui, j'ai des droits à votre pitié !...

AIR : *Soldat Français* (Julien.)

Un Dieu cruel dans mon cœur innocent
Vint allumer cette flamme fatale ;
Pardonnez-moi ! car, en vous connaissant,
Je n'ai jamais pu haïr ma rivale :
Mon amour dut vous offenser;
Mais qu'aujourd'hui mon malheur vous désarme !
Moins de chagrins me viendront oppresser,
Si, quelque jour, je peux penser
Que vous me donnez une larme!

MARIE, *lui tendant la main.*

Laurence !...

LAURENCE, *s'inclinant et baisant sa main.*

Ah !... vous ne me repoussez pas ! vous avez pitié de moi !... je serai digne de votre bonté ; oui, j'en aurai la force.

MARIE.

Que dites-vous ?...

LAURENCE.

On vient, adieu, Marie, adieu... souvenez-vous de tout ce que j'ai souffert!

(*Elle sort précipitamment.*)

SCENE VI.

MARIE, *seule.*

Pauvre femme !... ah! un tel amour doit être partagé : maintenant plus d'espoir pour moi : c'est elle, c'est elle seule qu'il aimera ! oh! comme il est coupable ! pourquoi m'a-t-il abusée, moi, simple et confiante? pourquoi ne m'a-t-il pas avoué... c'en est fait!... Eh bien ! qu'il ne soupçonne pas mes secrètes angoisses ! dévorons mes larmes, forçons ma bouche à sourire ! épargnons-lui des remords ! Il me saura gré de ma résignation.

SCENE VII.

RICHEBOURG, MARIE.

RICHEBOURG, *à part.*

Comme elle est rêveuse! (*haut.*) Ma cousine?

MARIE.

Ah! pardon! c'est vous! Eh bien! qui vous amenait ici? que désirez-vous de moi?

RICHEBOURG.

Le bonheur de vous voir n'est-il pas un motif assez puissant?

MARIE.

Voilà de la galanterie, mon cousin.

RICHEBOURG.

Pouvez-vous nommer ainsi l'intérêt si vif et si naturel que vous inspirez à un parent, à un ami d'enfance?

MARIE.

Croyez que je suis reconnaissante...

RICHEBOURG.

Hélas! l'instant est venu, Marie, où cet intérêt doit redoubler.

MARIE, *vivement.*

Quand je ne me plains pas, personne n'a le droit de me plaindre. Écoutez-moi, mon ami : pour vous prouver que je n'ai pas de chagrin, je vous charge d'inventer pour la journée de demain quelque partie de plaisir, quelque chose de trés amusant; je vous annonce aussi que ce soir nous danserons encore; il faut se divertir, vous le disiez tantôt, et j'adopte cette philosophie.

RICHEBOURG.

Et vous croyez m'en imposer par cette gaîté factice!... Ah! Marie, on ne trompe que les indifférens!... Tout en regrettant de n'avoir pas été chargé du bonheur de celle que j'aimais, je voudrais, au prix de ma vie, la voir heureuse, même avec celui qu'elle a préféré.

MARIE.

Heureuse!... moi!...

RICHEBOURG.

Vous le serez, Marie... Il est impossible que tant de charmes, tant de vertus ne triomphent pas d'une coupable indifférence.

MARIE.

Vous croyez?

SCENE VIII.

RICHEBOURG, ARTHUR, *sortant de la porte de droite, deuxième plan*, MARIE.

ARTHUR, *entrant, à part.*

Ah! monsieur Richebourg avec elle!

(*Il reste un instant dans le fond.*)

RICHEBOURG.

Je n'eus jamais qu'une pensée, votre bonheur. Et plus je vous regarde, plus j'espère pour vous un heureux avenir.

MARIE, *lui tendant la main.*

Voilà les plus douces paroles que je puisse entendre, mon ami.

ARTHUR, *à part.*

Quel regard affectueux! (*haut en s'approchant.*) Pardonnez-moi si je vous dérange; je ne pensais pas rencontrer ici monsieur Richebourg : il me semblait qu'il nous avait annoncé son départ; que des affaires le rappelaient à Paris.

RICHEBOURG.

Il est vrai, et je venais prendre congé de ma cousine, mais près d'elle j'ai changé d'avis; elle veut bien me retenir, et, ma foi, les beaux-arts attendront.

ARTHUR.

En effet, monsieur, je me souviens : on n'a pas craint de vous confier un emploi important, et vous le négligez!... que pensera le ministre?

RICHEBOURG.

Oh! le ministre ne pense pas grand'chose. C'est un homme de goût, qui prend un maître de ballet pour un poète, un peintre pour un musicien; mais les beaux-arts n'en vont pas plus mal.

ARTHUR.

Du moins, ils n'en vont pas mieux.

MARIE, *souriant.*

On dit même qu'ils ne vont pas du tout.

RICHEBOURG.

C'est possible... Qu'on reprenne ma place si l'on veut, je n'y tiens pas; un ordre de vous l'emporte sur tous les devoirs, et, puisque vous le désirez, je reste.

ARTHUR.

Ah! madame le désire?

MARIE, *qui est allée s'asseoir près du guéridon.*

Oui, j'ai prié mon cousin de nous accorder encore quelques jours, d'arranger quelques divertissemens; il s'entend merveilleusement à tout cela. Vous, monsieur le comte, vous êtes trop occupé pour qu'on puisse vous charger de ces soins.

ARTHUR.

Mais vous paraissiez peu disposée à chercher de semblables amusemens.

MARIE.

Vous savez que nous prenons quelquefois le droit d'être capricieuses.

ARTHUR.

Et le caprice est quelquefois la seule chose à laquelle les femmes restent fidèles.

MARIE, *se levant.*

Monsieur...

RICHEBOURG.

Je vous quitte pour exécuter vos ordres; j'aurai bientôt le plaisir de vous revoir.

MARIE.

Allez, mon cousin, moi je rentre dans mon appartement où quelques soins me réclament : n'oubliez pas que je veux me divertir. (*Richebourg sort, Marie entre dans son appartement.*)

SCENE IX.

ARTHUR, *seul.*

Quel changement de ton et de manières!... elle s'éloigne!.. sans un regard pour moi qui venais... hélas! ai-je le droit de me plaindre?... et ce M. Richebourg...? il l'aimait, m'a-t-on dit, il avait demandé sa main... leur entretien semblait affectueux, tendre même... Eh! quoi?... serais-je donc jaloux?... de qui? de celle que j'ai si cruellement offensée? Ah! je n'ose interroger mon cœur... Marie est si belle!... sans doute elle ne peut m'aimer, je n'ai aucun titre à son attachement, je ne dois pas le demander... mais, blessé par moi, ce jeune cœur a besoin d'affections. Dans l'abandon où je la laisse, elle cherche un appui, et cet homme qui l'aima... que sais-je? elle partageait peut-être ses sentimens? avec quelle promptitude elle s'est résignée à sa situation!... oui, c'est cela, j'ai comblé tous ses vœux; la vanité se décida pour moi, mais c'est pour lui que le cœur parlait... Cependant, elle paraissait si calme avant ce funeste mariage... allons, je veux savoir.. insensé! que dis-je? et qu'ai-je fait? (*Anna est entrée par le fond et se dirige vers l'appartement de Marie.*)

ARTHUR, *l'apercevant.*

Ah!... Anna!...

ANNA.

Monsieur le comte m'appelle?

ARTHUR.

Oui, Anna, priez votre maîtresse de se rendre ici; dites-lui que je désire lui parler.

ANNA.

J'y vais, monsieur.

(Elle entre dans l'appartement de Marie.)

SCENE X.

ARTHUR, *seul.*

Oui, sans doute... elle a obtenu tout ce qu'elle désirait de moi, un titre, un rang... Elle est joyeuse maintenant... Mais je ne souffrirai pas... Jamais sa beauté ne m'avait frappé à ce point!...

AIR : *Je sais arranger des rubans.*

J'avais un bandeau sur les yeux,
Et, tout à ma coupable flamme,
Je ne voyais ni ses traits gracieux,
Ni la noblesse de son ame :
Quels pensers viennent m'assaillir!
Peut-être ils vont nous coûter bien des larmes?...
C'est quand son cœur a droit de me haïr
Que le mien comprend tous ses charmes!

Comme il semblait heureux de rester ici, auprès d'elle!... Et c'est sans mon aveu, sans me consulter... Cela ne peut être, cela ne sera pas... Ah! la voici.

SCENE XI.

ARTHUR, MARIE.

MARIE.

Vous m'avez fait appeler, monsieur?

ARTHUR.

Oui, madame; il faut que j'aie avec vous un moment d'entretien. Le permettez-vous?

MARIE.

Je vous écoute, monsieur.

ARTHUR.

Votre père et votre tante vont s'éloigner.

MARIE.

Je le sais, et c'est un de mes chagrins.

ARTHUR.

Mais il paraît que vous ne voulez pas rester sans consolations.

MARIE.

Comment ?

ARTHUR.

Ne venez-vous pas, ici même, devant moi, de prier monsieur Richebourg de demeurer en ce château ?

MARIE.

Eh bien ?

ARTHUR.

Eh bien .. Cela me semble peu convenable.

MARIE.

Monsieur Richebourg est mon parent, monsieur, mon ami d'enfance.

ARTHUR.

Monsieur Richebourg est un fat que je vous prie de ne pas voir davantage.

MARIE.

Qu'entends-je ?... Dans l'isolement où je vais vivre désormais, vous n'éloignerez pas, j'espère, la seule personne qui me porte de l'intérêt.

ARTHUR.

De l'intérêt !... Il vous aimait, madame... il vous aime encore... Il vous le disait peut-être ?. . ou il vous le dirait un jour... Vous me devez, vous vous devez à vous-même de ne plus le recevoir.

MARIE.

Est-il possible !...

ARTHUR.

Mon honneur... et votre réputation l'exigent.

MARIE.

Grand Dieu !... Que ce soit vous... vous, monsieur, qui osiez concevoir un injurieux soupçon !... Ah ! il ne manquait plus que cela !

ARTHUR.

Vous êtes jeune, sans expérience...

MARIE.

Oh ! c'en est trop !... Que faire ? que devenir ?... De tous côtés abîme et désespoir !

ARTHUR.

Quel transport vous anime !

MARIE.

Qu'ai-je donc fait, ô mon Dieu, pour de tels châtimens ?

ARTHUR.

Eh quoi !... parce que je prétends éloigner de vous les dangers qui pourraient troubler votre vie...

MARIE.

La mort plutôt mille fois que cette vie odieuse à laquelle vous me condamnez !

ARTHUR, *avec amertume.*

Je vous entends... La mort plutôt que de renoncer à celui que vous aimez!

MARIE.

Ah!... je n'y résiste plus. Une pareille souffrance est au-dessus de mes forces... Ce dernier trait m'arrache des plaintes et des reproches que je voulais étouffer... De quel droit, monsieur, êtes-vous venu, comme un mauvais génie, disposer de mon sort, torturer ma vie, et la vouer au mépris et au malheur?

ARTHUR.

Quel langage!

MARIE.

On arrive, on enlève à son père une jeune fille gaie, innocente, adorée, n'ayant entendu dans la maison paternelle que des paroles de tendresse et des accens de joie, et l'on se fait un jeu de briser par la douleur son cœur tendre et confiant.

ARTHUR.

Marie... je vous en conjure... Marie...

MARIE.

Vous m'entendrez, monsieur!... puis après... Écoutez-moi!... Vos premières paroles ont été dictées par l'indifférence et le dédain; depuis ce moment, rien ne les a démenties... Et quand, sous mes yeux, uniquement occupé d'un autre amour, vos regards cherchent ma rivale, vous me dites: ces yeux, noyés de larmes, ne devront voir que moi! ce cœur, que je repousse, et que je déchire, ne doit battre qu'à ma voix! cette ame, que je froisse et que j'offense, ne doit rien sentir que pour moi! Étrangère à toute affection, isolée de tout attachement, seule, toujours seule, vous devez, au mépris de vos douleurs, de vos idées et de vos sentimens, répondre à ma froideur par de la tendresse, à mes offenses par des soins, à ma colère par des sourires; et, brisée sous le fléau de ma volonté, mourir, s'il le faut, au profit de mes idées, de mes caprices et de mes passions!... Voilà, monsieur, voilà ce qu'est pour moi le mariage!

(*Elle va s'asseoir près du guéridon.*)

ARTHUR.

Est-ce là cette Marie si calme et si douce?... Est-ce bien elle qui s'exprime ainsi?

MARIE, *abattue.*

J'ai tort... Pardon, monsieur... J'étais si peu habituée à la haine!... elle fait tant de mal!... Ah! les méchans sont sans doute des malheureux qui n'ont pu être aimés de personne!... Je souffre trop ici...

ARTHUR, *ému.*

Vous souffrez?...

MARIE.

Oui, je le sens, je mourrais si je restais ici plus long-temps !

ARTHUR.

Que dites-vous ?... Il y a péu d'instans encore, votre gaîté...

MARIE.

Cette gaîté !... vous n'avez donc pas vu qu'elle était feinte ?... vous n'avez donc pas senti ?... (*Elle se lève vivement.*) mais non, il ne voit rien, il ne sent rien que pour elle !... Il faut que je parte !

ARTHUR, *amèrement.*

Je ne vous contraindrai pas à rester.

MARIE, *de même.*

Dites que vous me verrez partir avec joie.

ARTHUR.

Hélas ! vous devez le croire.

SCENE XII.

ARTHUR, MADAME MONGROLLE, MARIE.

MADAME MONGROLLE.

Ah ! çà, ma chère nièce, je viens t'annoncer que tous nos préparatifs sont faits, et que dans une heure nous partons.

MARIE.

Partir !... qui ?

MADAME MONGROLLE.

Eh bien ! ton père et moi.

MARIE, *avec effroi.*

Et... je reste !

MADAME MONGROLLE.

Sûrement.

MARIE.

Non, non, jamais !... Oh ! ne m'abandonnez pas !

(*Elle se jette dans ses bras.*)

MADAME MONGROLLE.

Que vois-je ?... Tu es tout en larmes ; monsieur est interdit... Ah ! je le disais bien !

MARIE.

Emmenez-moi, ma tante, emmenez-moi... Je ne veux pas, je ne peux pas rester ici !

MADAME MONGROLLE.

Eh bien ! monsieur, vous vous taisez ?

ARTHUR, *tristement.*

Que vous dirai-je ?... elle est libre.

MARIE, *à demi-voix, avec une douleur concentrée.*

Il y consent !

MADAME MONGROLLE.

Rassure-toi, ma pauvre enfant, rassure-toi... je l'aurais juré... mais nous ferons casser ce mariage.

MARIE.

Hélas!

MADAME MONGROLLE.

Enfin, monsieur mon frère verra si j'avais raison.

MARIE.

Mon pauvre père!

MADAME MONGROLLE.

Je vais le rejoindre, lui parler. Je reviens, Marie, je reviens avec ton père.

(*Elle sort; Marie la conduit jusqu'au fond, Arthur gagne la gauche du théâtre, de sorte que la scène est changée de place quand Marie revient sur le devant.*

SCENE XIII.

MARIE, ARTHUR.

ARTHUR, *tristement.*

Vous allez donc être satisfaite?

MARIE.

Tous vos vœux ne seront-ils pas comblés?

ARTHUR.

Il n'y aura eu dans votre vie que deux jours de malheur : les deux jours où vous aurez porté mon nom.

MARIE.

Ah!... le malheur ne finira pas avec eux.

ARTHUR.

Qu'aurez-vous à regretter? vous pourrez être à celui que vous aimez.

MARIE.

A celui que j'aime!

ARTHUR.

Pensez-vous donc que je n'ai rien aperçu?... que je n'ai pas cherché à connaître ce qui se passe dans votre cœur?

MARIE.

Vous!

ARTHUR.

Oui! Marie... Je sais que depuis long-temps un attachement profond...

MARIE, *avec une ironie amère.*

Vous le savez?...

ARTHUR.

Mais je n'ai pas le droit de vous accuser... de vous rien reprocher... Soyez indulgente pour un instant d'égarement et de colère... Vous êtes digne d'être heureuse... vous le serez; et moi... moi seul... je serai malheureux; car mes torts sont impardonnables.

MARIE.

Que dites-vous?

ARTHUR.

Oui, j'ai mérité qu'un autre comprît votre cœur, appréciât votre esprit, et que votre amour devînt son partage... Je le verrai, Marie, et vous serez vengée.

MARIE.

Je ne vous comprends pas.

ARTHUR.

Je me comprends à peine moi-même!... Ce qui se passe là, depuis hier, m'étonne et m'effraie.

MARIE.

Vous!... comment?...

ARTHUR.

Mais aussi, qui pouvait s'attendre à cette angélique bonté, à cette noblesse d'ame, à cet esprit, à ces graces séduisantes qui ont confondu ma raison?... Oh! pardon, Marie, pardon!... je suis bien coupable, et je devrais me taire!

MARIE.

Non, non... parlez.

ARTHUR.

Eh bien! oui, au moment de vous perdre à jamais, il faut que mon cœur s'ouvre; je vous dirai tout!... c'est en vain que je cherchais à me persuader que vous méritiez cette destinée cruelle que je voulais vous faire subir. Quand je vous ai vue si bonne, si noble, si généreuse, mon cœur et mon esprit se sont révoltés contre moi-même... et c'est un soulagement pour ma conscience que de vous avouer la vérité.

MARIE.

Oh! je vous écoute...

ARTHUR.

La résolution même que j'avais prise de vous négliger, et peut-être de vous haïr, était une raison pour que je fusse constamment occupé de vous... Penser à vous c'était oublier! Vous voir et vous connaître, c'était aimer.

MARIE.

Grand Dieu! se pourrait-il?

ARTHUR.

Je n'ai rien fait pour mériter votre amour; je ne dois donc ni m'étonner, ni me plaindre qu'il appartienne à un autre. Ah! si vous m'aviez aimé, je serais sans excuse.

MARIE, *vivement.*

Et vous croyez en avoir?

ARTHUR.

Qu'entends-je? Cet amour dont j'ai acquis la preuve.

MARIE.

Cet amour? Il est toute ma vie! et vous avez pu en méconnaître l'objet? Vous avez pu croire... Vous n'avez pas vu?...

ARTHUR.

Quoi?

MARIE.

Tu n'as pas vu que je t'aime!

ARTHUR.

Ah, Marie! c'est à vos genoux...

MARIE, *se jetant dans ses bras.*

Arthur!

ARTHUR.

A toi! à toi pour toujours!

SCENE XIV.

ARTHUR, MARIE, *dans les bras l'un de l'autre*, MADAME MONGROLLE, *entraînant* JUBELIN.

MADAME MONGROLLE.

Arrivez, mon frère, arrivez!... vous allez voir... Ah! mon Dieu!

JUBELIN.

Eh bien, qu'est-ce que vous disiez donc?

MADAME MONGROLLE.

Je n'y entends plus rien!

MARIE.

Mon père! venez être témoin du bonheur de votre fille.

JUBELIN, *à madame Mongrolle.*

Ah! çà, vous êtes donc décidément folle?

SCENE XV.

MADAME MONGROLLE, JUBELIN, MARIE, ARTHUR, ANNA.

ANNA, *à Marie.*

Madame, voilà ce qu'on m'a chargé de vous remettre.

(*Elle remet à Marie, une lettre.*)

MARIE, *lisant.*

« Je pars! je vais mettre l'Océan entre nous; vous ne me reverrez jamais! adieu, ne me maudissez pas! »

ARTHUR.

Pauvre Laurence!

MARIE.

Ah! je lui ai tout pardonné! Un jour, elle sera notre amie.

(*Arthur présente son portrait à Marie.*)

MARIE, *timidement.*

Arthur?

ARTHUR.

A vous! à vous seule!

MARIE.

Que je suis heureuse! mais, mon père, est-ce que vous partez?

JUBELIN.

Du tout, du tout! je vais faire dételer; je ne m'en vais que demain. Ne vous dérangez pas, mes enfans; bonsoir! bonsoir!

(*Marie entraînée doucement par Arthur s'achemine vers son appartement.*)

JUBELIN, *à madame Mongrolle.*

Je vous le disais bien qu'elle serait comtesse.

MADAME MONGROLLE.

Ça n'a pas été sans peine.

FIN DU TROISIÈME ET DERNIER ACTE.

PIÈCES NOUVELLES

Publiées par Barba.

ROBERT-LE-DIABLE, opéra en cinq actes, paroles de MM. Scribe et G. Delavigne, musique de Meyerbeer.
JOSSELIN ET GUILLEMETTE, comédie en un acte, précédée d'un prologue, de M. d'Epagny.
LES PRÉVENTIONS, comédie en un acte.
LES 6 DEGRÉS DU CRIME, mélodrame en trois actes.
LA MARQUISE DE BRINVILLIERS, drame lyrique en trois actes, de MM. Scribe et Castil-Blaze.
JACQUES CLÉMENT, drame en 5 actes, de M. d'Epagny.
L'HOMME AU MASQUE DE FER, drame en cinq actes.
CAMILLE DESMOULINS, drame en 5 actes.
DOMINIQUE, ou le Possédé, comédie en trois actes, en prose de MM. D'Epagny et Dupin.
CATHERINE II, comédie en trois actes, et en prose.
LE CHEVREUIL, comédie-vaudeville en trois actes.
LE FAVORI, ou la Cour de Catherine II, comédie-vaudeville en 3 actes, par M. Ancelot.
L'INCENDIAIRE, ou la Cure et l'Archevêché, dr. en 3 act.
LES QUATRE SERGENS DE LA ROCHELLE, mélodrame en trois actes.
MADAME LAVALETTE, drame historique en deux actes.
SOPHIE ET MIRABEAU, (1773 et 1789), comédie-vaudeville en 2 actes.
LES DEUX MONDES, parade en deux actes, mêlée de couplets.
LANTARA ET DORVIGNY, vaudeville en un acte.
NORMA, tragédie, par M. Soumet.
UNE NUIT DE MARION DELORME, vaudeville.
GOTHON DU PASSAGE DE LORME, imitation burlesque de Marion Delorme, en cinq actes, en vers.
MARIONNETTE, parodie de Marion Delorme, en vers.
CARLIN A ROME, souvenir historique en un acte.
LES BOUCLES D'OREILLE, comédie-vaudeville.
LES CHANSONS DE BÉRANGER, ou le Tailleur et la Fée, conte fantastique, mêlé de couplets.
LA SOEUR CADETTE, comédie en un acte, en vers.
LE PHILTRE CHAMPENOIS, vaudeville en un acte de MM. Mélesville et Brazier.
LA FAMILLE IMPROVISÉE, scènes épisodiques, par M. Henry Monnier.
FIFI LECOQ, ou une Visite domiciliaire.
LE BOA, comédie-vaudeville en un acte.

M. CAGNARD, ou les Conspirateurs, folie du jour, nouvelle édit. avec des changemens.

L'AMPHIGOURI, salmis dramatique en quatre actions.

LA POUPÉE, comédie-vaudeville

LÉONTINE, drame en trois actes de M. Ancelot.

LA MORTE, ou Départ et Retour, drame en quatre parties, de M. Ancelot.

UN DIVORCE, drame en un acte, mêlé de chants, de M. Ancelot.

LE CHATEAU DE SAINT-BRIS, drame en deux actes, mêlé de chant, de M. Ancelot.

LA FÊTE DE MA FEMME, vaudeville en un acte.

LE GUÉRILLAS, vaudeville en un acte.

VOLTAIRE CHEZ LES CAPUCINS, vaudeville.

LA FAMILLE DE L'APOTHICAIRE, ou la Petite Prude.

L'IVROGNE, drame grivois, mêlé de couplets.

BATARDY, parodie-folie d'Antony, en cinq actes.

BONAPARTE A L'ÉCOLE DE BRIENNE, ou le Petit Caporal, souvenirs de 1783, en trois tableaux.

NAPOLÉON, pièce historique en trois parties, mêlée de chants, suivie d'un épilogue.

NAPOLÉON, ou Schœnbrunn et Ste-Hélène, dr. hist.

L'EMPEREUR, événemens historiques.

LE COCHER DE NAPOLÉON, vaudev.-anecd. en 1 act.

MONSIEUR DE LA JOBARDIÈRE, ou la Révol. impr.

27, 28 ET 29 JUILLET, tableau épisod. des trois journ.

LES DRAGONS ET LES BÉNÉDICTINES, comédie en un acte, par M. Pigault-Lebrun, nouvelle édition.

LES DRAGONS EN CANTONNEMENT, ou la Suite des Bénédictines, comédie en un acte et en prose, par M. Pigault-Lebrun, nouvelle édition.

LE TE DEUM ET LE TOCSIN, ou la route de Rouen.

DOMINIQUE, ou la Brouette du Vinaigrier, drame de Mercier, remis en un acte, avec des couplets de M. Brazier.

IL VIENT DE PARAITRE

Chez J. N. Barba, Palais-Royal, Grande Cour, derrière le théâtre Français, à côté de Chevet :

LA 14e ÉDITION DU CUISINIER ROYAL,

Ou l'art de faire la Cuisine, la Pâtisserie et tout ce qui concerne l'office, par MM. Viard, Fouret et Délan, hommes de bouche.

Précédé d'une Notice des Vins, par M. G.... n, l'un des premiers Restaurateurs de la Capitale. La Table des Mets et la Notice des Vins indiquent à quel service ils appartiennent l'un et l'autre.

Un très fort volume in-8o, orné de 9 planches, pour le service des Tables jusqu'à 60 couverts. Prix : 9 fr., et franco par la poste 11 fr.

« M. Délan, ayant passé plusieurs années en Hollande, nous a communiqué les fruits de ses savantes Études sur les Poissons de mer qu'on peut conserver te faire voyager vivans pendant 8 jours. Le résultat de ses Observations se rouve placé a l'article des Poissons. » (*Extrait de la Préface.*)

www.ingramcontent.com/pod-product-compliance
Ingram Content Group UK Ltd.
Pitfield, Milton Keynes, MK11 3LW, UK
UKHW020950180726
13838UKWH00003B/1247